☑ 豊富な図解で迷わずわかる
☑ サンプルデータですぐに実践できる
☑ 操作手順の解説動画付き

ExcelとActiveDataで
簡単にできる！

監査のための
データ分析

(HLB) HLB Meisei 有限責任監査法人
公認会計士　武田 剛

SOGO HOREI PUBLISHING CO., LTD

はじめに Forward

　最近の監査業界では、「データ分析」が話題に上っています。2019年7月に参加したHLB InternationalのAuditカンファレンスにおいても、DA（Data Analytics：データ分析）ツールが紹介され、監査業務におけるデータ分析の必要性が説明されていました。情報処理技術の深化が監査に与える影響が盛んに議論され、監査へのAI活用や継続監査などの研究が大手監査法人を中心に行われるようになりました。

　しかし一方で、企業に蓄積された膨大なデータに基づいて財務諸表が作成されているにもかかわらず、財務諸表監査においてはCAAT（コンピュータ利用監査技術）ツールを用いた監査がなかなか広がっておらず、定着しているとは言い難い状況です。

　私は、データ分析の実務経験に基づいた知見が、広く公認会計士の間で蓄積される前に、AI活用や継続監査などを進めることに危惧を抱いています。AIを利用する監査人側に深い知識と経験がなければ、AIの判断はブラックボックス化してしまい、監査人はAIの判断を鵜呑みにするしかなくなるかもしれません。そうなれば、公認会計士などは社会に不要な存在となるでしょう。

　振り返ればHLB Meisei有限責任監査法人を設立した2005年から、自身の監査業務におけるCAAT導入の必要性を感じていました。その後InformationActive Inc.と交渉し、彼らの開発したActiveDataというCAATツールの日本語版の制作を共同して行い、2011年に製品版が完成して以来、CAATを監査実務に取り入れて、データ分析を実践してきました。

　ActiveDataは価格も安く、誰でもすぐに使える簡単なCAATツールです。従来、日本でCAATツールが浸透しなかった理由は、CAATツールの価格、操作方法の難しさ、そして活用方法の知識が普及していないことの3点にあったと思っています。

　データ分析の実務を担う諸先輩方からすると、私と当法人の仲間で蓄積してきた知識と経験はそれほど多くはないかも知れませんが、今持っているノ

ウハウを惜しみなく記載しました。この本が、データ分析を日本に定着させる一助となることを願っています。

　最後になりましたが、サンプルデータや実践画像の作成をしてくれた吉本麻由美さん、図解の作成や編集全般をサポートしてくれた橋詰恵子さん、そして、本書の出版の機会を頂いた総合法令出版の皆さん、編集担当の大西鉄弥さんに、心より感謝いたします。

HLB Meisei 有限責任監査法人　統括代表社員　公認会計士

武田　剛

Contents

Excel と ActiveData で簡単にできる
監査のためのデータ分析

カバー・本文デザイン：小松学（ZUGA）
図表作成：HLB Meisei 有限責任監査法人
DTP：横内俊彦

第1章

財務分析の概要と監査の現状

パソコンを利用した監査のための財務データ分析とは

1. 財務データ分析の深化

　財務諸表監査では、財務データ分析は監査手続きの一つとして従来から行われてきました。「パソコンを活用した監査のための財務データ分析」と「従来から行われている分析手続」では、どこが異なるのでしょうか。

　財務諸表は、企業が行う取り引きや企業の財務に影響を及ぼす事象を、会計基準に従って認識し、通貨で測定して記録・集計して作成されるものです。企業取引は販売管理システム、購買管理システム、在庫管理システムなどのIT システム上で管理され、様々なデータが蓄積されています。そのデータが財務会計システムに取り込まれ、あるいはそのデータに基づいて仕訳入力されて財務データは作成されます。

　「従来から行われている分析手続」は、財務諸表や企業が作成した集計資料の基礎データとしての分析や仕訳分析が中心でした。こうした分析手続では粗い分析しかできず、対象とするデータの範囲が狭すぎて、財務不正が行われている兆候が必ずしも検出できるとは限りません。各種の業務管理ソフト

❖ 従来の分析との比較

	従来の財務分析	本書の財務分析
範囲	財務諸表と勘定内訳及び経営管理資料	財務関連データ全般
データ	会社の作成した集計データ	業務管理システムに蓄積されたデータ
分析技法	比較分析・比率分析	多様な分析技法

に蓄積された膨大なデータを多角的に分析の対象としなければなりません。

2.用意周到に準備された財務不正への対応

　不正の中には、用意周到に準備された意図的な財務不正の事例も存在します。上場企業で組織的な財務不正が行われた場合には、外部監査人が入ることはあらかじめ想定済みです。不正の実行者は様々な工夫を凝らします。例えば、異常な仕訳として検出されないように、一般的な勘定科目の組み合わせを用いる場合もあります。目立たないように金額の大きな科目の残高を調整するのが一般的です。また、複雑で多額な処理となる決算整理仕訳や連結調整などに紛れさせることもあります。あるいは、分析結果に異常値が出ないように関連科目の数値も調整しているケースもあります。大きな数値の増減変化があると監査人などから説明を求められることになりますが、あらかじめもっともらしい説明が用意されていることが通常です。さらに、監査人に対してねつ造した管理資料や証憑類が提示されることもあります。
　しかし、用意周到に準備された財務不正でも企業に蓄積された膨大なデー

財務データ分析の必要性

不用意で場当たり的な不正	用意周到に準備された不正
・借方と貸方の組み合わせが異常な仕訳	・普通の仕訳と変わらない調整仕訳や決算整理仕訳を利用
・関連科目を調整していないため、財務比率が異常	・関連科目も調整済みのため財務比率は正常な範囲
・増減説明に合理性がない	・もっともらしい増減理由
・管理資料や証憑類と整合性が取れない	・整合性が取れている管理資料や証憑類が提示される

粗い分析でも検出が容易

詳細で多角的な分析が必要

タの全てについて、整合的に異常性がなく組み上げることはとても難しいことだと思います。膨大なデータを広範囲に収集し、種々の分析手法を駆使し財務データ分析を行うことで、整合性の取れない数値の変化を検出し、異常なデータを抽出できます。そうして不正の端緒を発見できる可能性は十分高くなるでしょう。

3.膨大なデータを多角的に分析する技術

　本書で解説していく財務データ分析は、処理能力の向上したパソコンを活用して、対象データの範囲を業務管理データに広げ、種々の分析手法を駆使して、膨大なデータを多角的に分析する技術です。

　この分析を習得するためには、まず検出目標となる不正の態様について知識を身に付ける必要があります（第2章）。次にそれを検出するための分析技術を学んでいきます（第3章）。最後にサンプルデータを用いて分析の実践的な訓練を積んでもらいます（第4章）。

　第1章では、財務データ分析の概要を解説するとともに、現在の監査における課題を指摘していきたいと思います。そして最後に財務データ分析に必要なCAATツール（Computer Assisted Audit Techniques）を紹介したいと思います。

本書の構成

第1章	
・財務分析の概要	
・現在の監査における現状と課題	
・財務分析に必要なCAATツールの紹介	

第2章	不正の態様

第3章	分析技術

第4章	分析の実践

財務データ分析の概要

1.財務データ分析の定義

　企業の財務データの分析については、「財務分析」「データ分析」などとも呼ばれ、内容も異なり定説はないように思われます。本書においては、監査目的の財務データ分析を、「業務、財務及び会計処理における不正や誤謬の有無を確かめるために、企業の情報システムに蓄積されたデータを分析すること」と考えています。

2.分析技法概観

　財務データ分析の技法を大別すると、①変化、差異に着目する技法、②データの全体像を把握する技法、③異常なレコードを検出する技法、④サンプリングし、そのレコードを検証する技法に分かれます。4つの区分にどのような技法が含まれているのかを見ていきましょう。なお、個々の技法については、第3章で詳しく説明していきます。

☀ 財務分析の技法	
4つの分類	・変化、差異に着目する ・データの全体像を把握する ・異常なレコードを検出する ・サンプリングレコードを検証する

　まず①について考えましょう。変化、差異に着目する技法としては、同一の対象に対して2時点間のデータを比較分析する方法、異なる対象について比較分析する方法、同一の対象に対して一定の期間の数値の変動状況を分析する方法があります。

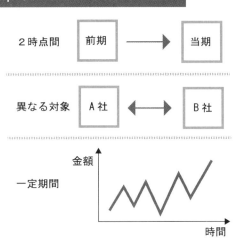

変化、差異に着目する技法

2時点間　前期 → 当期

異なる対象　A社 ↔ B社

一定期間　金額　時間

　2時点間の比較は、項目別に集計されたデータなどを用いて、両者の差を詳細に分析するのに向いています。異なる対象についての比較分析では、金額の大きさが異なるため、構成比率や財務比率などを算出して比較することが一般的です。一定期間の数値の変動状況の分析は、トレンド分析とも呼ばれ、長期トレンドとして5年間、月次推移比較として24カ月などを対象に、その期間の全体的な変動状況を把握して分析します。

　データの全体像を把握する技法としては、プロパティ分析、ヒストグラム（度数分布表）、散布図、回帰分析などがあります。プロパティ分析とは、データの項目に何があり、構成するレコードのデータ型を一覧にしてデータの概要を把握し、属性に異常がないか検討する方法です。ヒストグラムは、データの金額などの数値項目に着目して、数値の大きさを一定の幅に区分して階層化し、階層ごとの件数や合計金額の分布を調べることでデータの全体像を把握する方法です。これにより特定の階層にレコードが偏って存在していないかもわかります。2つの変数の間に一定の関連性がある場合に、2変数をX軸とY軸に取った平面にレコードをプロットしたものが散布図です。さらにその2変数間の関連性を分析して線形関数などを導く方法が回帰分析です。これによって2変数間の関連性が視覚化されるとともに、関連性を持たない外れ値を把握することができます。分析対象である金額などが、複数の

変数により影響を受けている場合は、多重回帰分析を行うことになります。

☀ データの全体像を把握する技法

プロパティ分析	データの項目の属性を把握する
ヒストグラム（度数分析表）	金額などの幅ごとの件数を把握する
散布図、回帰分析	変数間の相関関係を把握する

　異常なレコードを検出する技法としては、異常データを抽出する方法、異なるファイル間のデータの突合などがあります。異常データとしては、レコードの一部の項目の値の欠落や、異常な数値、異常なテキストなど様々なものが考えられます。ファイル間を突合すると、本来対応するレコードが見つからなかったり、同一であるはずの項目が異なっていたり、同一ではいけないレコードが発見されたりすることがあります。また、マスタとレコードの間の値の不一致を検出する方法もあります。人為的なデータが多数含まれていないかを検出する技法として、ベンフォードの法則によるデジタル分析があります。

☀ 異常なレコードを検出する技法

異常なレコードの抽出	値の欠落、異常な数値、異常なテキストを持つレコードを抽出する
デジタル分析	数字の出現率に着目して異常なレコードの有無を分析する
ファイル間の突合	関連するファイル同士を突合し、不一致のレコードを検出する

　財務データ分析の技法には含まれないかもしれませんが、パソコンを用いた技法としては、サンプリングがあります。サンプリングの方法には、ラン

ダムサンプリング、階層化サンプリング、金額単位サンプリングがあります。確認手続や証憑突合手続などは膨大な手間とコストがかかるため、全てのレコードに対して行うことができません。サンプリングは抽出した特定のレコードに対してのみ、確認手続や証憑突合手続を実施して、全体に対しての心証を得るために用いられます。

3.分析の手順

　財務データ分析を実施する場面は、実施者によって異なります。外部監査人は、監査の各実施段階に応じて財務データ分析を行わなければなりません。内部監査人などの場合は内部統制の一環として行っているかもしれません。また、不正に関する情報提供などに基づいて、不正の有無を調査し、不正を特定するために行うかもしれません。

　どのような場合でも、最初に不正リスクの検討から始めることになります。すでに告発などによって不正が存在することがほぼ明らかとなっている場合でも、類似の不正の有無を検討しなければなりません。どのような不正が起こり得るのか、どのような手口が用いられる可能性があるかを検討します。

　次に、業務プロセスと内部統制の整備運用状況を把握する必要があります。情報システムの全体像や、どのようなデータが蓄積されているのかも把握しなければなりません。的確なデータの入手が財務データ分析の成果を決定的に左右します。どのシステムのどの処理段階のデータが必要なのか、データの抽出期間はどの項目を基準に定めるか、どの範囲のデータを取得するのか、その合計数量や金額はどの財務データや資料と一致するのかなどを明確にすることは、データを入手する際の不可欠な要素となります。

　データを入手したら、それが依頼したものと一致しているか検証する必要があります。この段階で、対象項目の合計値が一致していること、プロパティ分析を行って必要な項目が取得され、属性に異常がないことを確かめておきましょう。

　システムからデータを出力すると、場合によっては100を超える項目数

を持っている場合があります。この段階で分析に不要な項目列は削除してお
くと、操作が楽になり、処理スピードが上がることで効率性のアップにつな
がります。また、分析を行うためにはデータをクリーニングしておく必要が
あります。余分な空白の削除、大文字・小文字の統一、列の分割、ファイル
の結合などがそれに当たります。

　次はいよいよ分析の実施ということになります。分析の技法は様々ありま
す。不正の態様に応じて、どのようにデータに痕跡が残っているかを想定し
て、様々な分析技法の中から選択して実施することになります。しかし、多
くの場合は想定通りにいきません。様々な分析技法を何度も試し、かつ組み
合わせて実施していかなければなりません。分析技法を多く身に付けている
ことがここで有利に働きます。

　財務データ分析での結果得られた表やグラフ、抽出データなどは不正の検
出のための基礎資料に過ぎません。それらを解釈することが重要です。吟味
して検討するためには、自身の有する知識や経験を動員することはもちろん
ですが、他の資料との整合性を確かめ、適切な人に質問し、必要に応じて裏
付け資料を入手し、比較検討し、突合するなど、必要に応じて追加手続を実
施することになります。こうしたフォロー手続を実施すると、異常な分析結
果だと思われたものが、合理性が確かめられる場合もある一方、問題ないと
思われていた分析結果が異常性を示していることが判明する場合もありま
す。

財務分析の技法

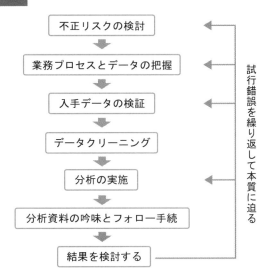

想定した手続きを一通り実施してフォロー手続きを行ったとしても、問題が検出されない場合もあります。しかし、当初の想定が誤っていた可能性、入手したデータが異なっていた可能性、あるいは分析の手法の選択や適用が誤っていた可能性がないか、財務データ分析を終える前に全体を反省することが重要です。リスクが高く、他の可能性が考えられるのであれば、その時点まで戻って試行錯誤を繰り返すことになります。

監査の現状と課題

1. 外部監査の現状と課題

　公認会計士や監査法人は、上場企業をはじめとした企業の公表財務諸表について、外部の第三者として監査しています。財務諸表の信頼性を担保する外部監査は重要な社会的役割を担っており、大きな責任を負っています。監査人は、専門的スキルと高度な監査技術を駆使して実効性のある監査業務の遂行に努めているものの、いまだに巨額の粉飾事件が賑わせています。社会問題化するたびに監査人へも批判の目が向けられ、監査に対する規制はますます厳しくなり、外部監査は膨大な手続きと文書作成が要求されるようになりました。

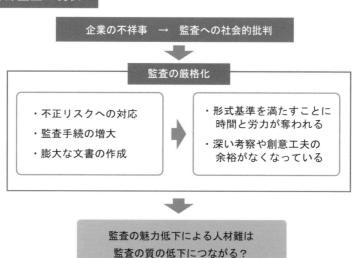

　監査人は多大な労力をかけて監査を実施しているにもかかわらず、十分に深度のある監査ができているか検討すべき余地があると思っています。私は、多くの監査現場が、会社作成資料に対するけん制の欠如、内部統制の過度な整備と日本企業の競争力の低下、内部統制の検証手続きの不合理性などの問題を抱えていると考えます。

2.会社作成資料に対するけん制の欠如

　監査の対象とする企業の財務データは非常に膨大です。会計データのみならず、その基礎となる業務システムのデータも含めると際限がありません。監査人は多くの場合、会社が作成した管理資料の集計数値を信頼して監査を実施し監査計画で定めた限定された範囲でのみ、詳細な財務関連データを取得します。

　交差点では、青信号で直進する車は赤信号のレーンの車が停止すると信頼するように、監査人も疑いを持つべき状況がなければ、会社の作成資料を信頼して利用するのは当然です。全てを疑っては監査の実施は不可能です。また、無駄なデータを入手することは、クライアントに負荷をかけ、監査人側の効率性の低下にもつながります。また、万一粉飾が行われていて、その痕跡が入手済みのデータに含まれていながら発見できなかったときに、監査人の責任が問われることを恐れて、入手データの範囲を限定することもその理由の一つと思われます。しかし、組織的な粉飾の場合は、関連する管理資料も改ざんされているのが通常です。監査人が基礎データを入手しないでいれば、企業側は監査人を簡単にごまかせると考えてしまうのではないでしょうか。

　重大な財務不正の発生を防止することが監査人の第一の職責であることからすれば、不正へのけん制に有効な範囲で、範囲を拡大してデータを入手すべきです。重要な基礎データを入手し、リスクに応じた分析を行う姿勢を持つことが、会社が管理資料の改ざんを思いとどまらせる有効なけん制手段となると思います。

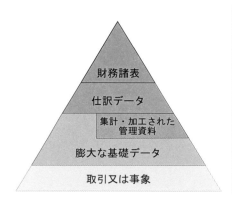

基礎データは入手する必要がある

効率的かつ網羅的な監査のためには財務データや管理資料に一定の信頼を置いて監査せざるを得ない

改ざんのリスクに対応するためには重要な基礎データを入手し、検証される可能性があることを示す必要がある

財務諸表

仕訳データ

集計・加工された
管理資料

膨大な基礎データ

取引又は事象

3. 内部統制の肥大化による日本企業の競争力の低下

　財務諸表監査は、内部統制が良好に整備・運用されていることを前提に行われています。監査人は全ての会計記録について詳細に検証することは不可能なので、監査リスクに応じて濃淡を付けて、分析や実証手続きを駆使して、財務諸表の適正性について心証形成していきます。内部統制が良好に整備・運用されていることを前提にすることで、分析や実証手続きに利用する監査資料に一定の信頼を置くことができ、試査（少数のサンプルに対する詳細な実証的検証）による監査を正当化することができています。

　このため、監査人は内部統制の検証を行わなければなりません。また、上場企業に対しては内部統制監査が義務付けられています。ウォークスルーやサンプリングテストなどを通じて内部統制の信頼性を検証し、不備については是正を求めることになります。ウォークスルーの結果を踏まえて、ルールの明確化、内部けん制、文書化、承認記録、残高を検証した証跡などの整備を要求します。運用状況を確かめるため、重要な業務プロセスごとに 25 件の取引をサンプリングして内部統制が適切に運用されていることを確かめます。

　不正または誤謬の防止のために内部統制を充実させることは、経営の効率

性に寄与する側面と、迅速な業務処理や意思決定を阻害する側面があります。どの程度内部統制を整備していくのかは、本来は経営者が判断することです。内部統制報告制度や外部監査人の指摘が、過度な統制プロセスの整備につながり、日本企業の経営の不効率性と競争力の低下を招いている側面があるのではないでしょうか。

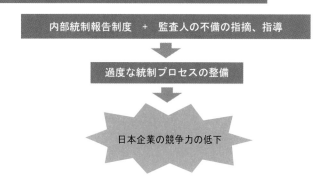

4.高度な財務データ分析の導入による内部統制の効率化

　内部統制には文書化、ダブルチェック、内部けん制、承認などといった予防的な事前のプロセス統制と、残高の検証、財務データ分析、内部監査といった事後的な発見統制があります。広範な財務データの入手と分析には、あまりコストはかかりません。「不正や誤謬」を発見できる確率が高まることで、「不正は発見される」と企業の構成員に認識されるようになります。過剰となったプロセス統制を軽装備に変えて、財務データ分析の高度化による事後統制の充実を図り、事前統制と事後統制の適正なバランスを取るべきです。

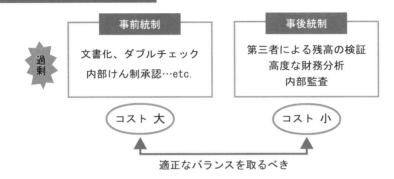

管理業務の現場では、RPA（Robotic Process Automation：ロボットによる業務自動化）の導入により処理の自動化が進められつつあります。ペーパーレス化が叫ばれて久しいですが、内部統制に縛られ、証跡を残すことが義務付けられる中、紙に出力したものを PDF 化するなどの不合理な対応をせざるを得ないケースもあり、十分に進んでいないのが現状だと思われます。AI や RPA の進展により、人間はイレギュラー事項やクリエイティブな業務にのみ関与していく方向で技術は進んでいます。日本企業は、管理業務の改革の一環として今こそ無駄な事前統制を極力削減し、財務データ分析による事後統制へと重点を移すべきです。

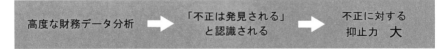

5.内部統制の検証手続の不合理性

　監査人の本来の役割は、内部統制により防ぐことのできる少額の不正や、誤謬の発見や是正ではなく、財務諸表における重要な虚偽表示を発見・防止

することです。巨額の粉飾は、組織ぐるみで行われます。いくら内部統制が整備・運用されていても、経営幹部が関与した不正は防ぐことはできません。

　内部統制が整備されていることを検証することが、組織ぐるみで行われる巨額の財務不正の発見・防止にどれほどの効果があるのでしょうか。また、粉飾のための架空取引などが存在しても、その件数はさほど多くありません。数十万件の母集団の中から25件のサンプルを取り出して検証することにどれほどの意味があるのでしょうか。万が一の確率で架空取引に遭遇したとしても、偽造された書類と突合するだけになってしまうのではないでしょうか。内部統制の検証をすることの意義はあると思いますが、外部監査における過剰な労力を費やして行っている内部統制の検証及び内部統制監査は、基準の変更を含めた軌道修正が必要なのではないでしょうか。

☀ ランダムサンプリングと不正

万に一つしかない不正に
ランダムサンプリングは役立たない

$$\frac{1}{10,000} \quad \times \quad 25\,件 \quad \Rightarrow \quad 0.25\%$$

不正な取引の発生率	ランダムサンプリングの件数	当たる確率

6.未来の監査を展望する前に

　2019年1月31日に、日本公認会計士協会のIT委員会から「次世代の監査への展望と課題」という研究報告が出されました。本書の主題と同じく分析的手続の高度化が記載されている他に、AIがもたらす監査実務の変化やCA（Continuous Auditing：継続的監査）の活用が記載され、最後にAI

にアシストされた近未来の会計士の姿が描かれています。未来の監査を展望することはもちろん必要です。しかし、企業の財務データに深く切り込んで分析を行うことを、もっと広範に監査実務の中に取り入れることが先行すべきではないでしょうか。

　高度な財務データ分析を行うためには、統計やデータ分析の専門家の起用や監査人自身の IT リテラシーの向上、多変量解析の技術を含めた統計学の理解が必要となると研究報告には触れられています。しかし、そこまで難しく考える必要はないと思います。後ほど紹介するデータ監査ツールを用いれば、様々なデータ分析技法を使うことが誰にでも簡単にできます。

　高度な財務データ分析に本当に必要とされるのは、従来の財務諸表監査で培った推理力と分析力、そして職業的懐疑心であると思います。具体的には、事業環境の変化、取り引きや事象の発生及び会計処理から、どのような虚偽記載のリスクが生じるかを見抜く視点や異常性に気づく力が必要です。また、複雑なスキームや隠蔽が行われていても、不正や誤謬の存在を究明していく能力、リスクアプローチと監査手続の実施によって全体として財務諸表に不正や誤謬のリスクが低いと判断する技術と能力こそが必要とされるのです。

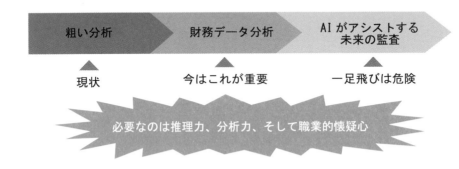

現代の監査に求められるもの

粗い分析	財務データ分析	AI がアシストする未来の監査
現状	今はこれが重要	一足飛びは危険

必要なのは推理力、分析力、そして職業的懐疑心

内部統制のサンプリング件数

プラスワン

■どうしてサンプリングに 25 件必要なのか

　内部統制の運用評価では、対象とするデータ数が十分に多い場合、多くの監査人がサンプル数を 25 件として手続を実施しています。直接的には「財務報告に係る内部統制の評価及び監査に関する実施基準」（平成 19 年 2 月 15 日　企業会計審議会）に「少なくとも 25 件のサンプルが必要になる」と記載されたことから、この件数が実務に定着したものと思われます。

　この 25 件は、統計理論に基づいて、予想誤謬率 0 ％、許容逸脱率 9 ％、ベータリスク 10％としたときに必要なサンプル数です。対象となるデータのレコード数が少ないケースでは、必要なサンプル数は減少します。また、結果がエラーかそうでないかの 2 種類に分類できる検査しか対象とすることが出来ません。

　ここで、予想誤謬率 0%と言うのは、母集団にエラーが全くないと考えているという事です。許容逸脱率 9 ％と言うのは、サンプリングされなかった部分で 9 ％以下のエラー生じているかもしれないが、それを許容して検査を実施するという事です。絶対にエラーが無いと言い切るためには全数を検査しなければならず、サンプリングされなかった部分について一定のエラーの発生可能性を許容しなければ、サンプリングによる検証は出来なくなります。厳格さを要求される監査実務から考えると 9 ％も許容してしまうことに違和感はありますが、効率性を考えると許容逸脱率をこれより低くすることは現実的ではないでしょう。

　ベータリスクは、サンプリングリスクとも呼ばれます。100%からベータリスクを差し引いた比率は信頼度と言います。ベータリスク10%と言うのは、検査を行って得られた結論の信頼性が90%であるという事です。ベータリスクを低くすればするほど、結論の信頼性が高まるため、統計の専門家が分析を行う場合は、一般的には1%〜5%の値を用いているようです。この点をもって、25件は理論的ではないと考える方もいるようです。

CAATツール

1. データ分析に必須のツール

　データ分析のツールには、表計算ソフトやデータベースソフトなどの汎用ソフト、専用ツールである CAAT ツール、DA（Data Analytics：データ分析）ツールや BI（Business Intelligence: ビジネス・インテリジェンス）ツールがあります。

　汎用ソフトを利用して複雑な分析処理をしようとすると、多くの手順を踏まなければならず、関数やモジュールを駆使しなければなりません。複雑な手順を簡易な操作で実行できるように開発されたのが CAAT ツールです。DA ツールはその進化版と言えるものです。

　DA ツールは様々なものが登場してきていますが、まだ定着しているとは言えないため、ここでは CAAT ツールを紹介していきたいと思います。CAAT ツールの代表的なものとしては、IDEA、ACL、ActiveData の 3 つがあります。

　IDEA と ACL は、データベースアプリケーションのため、扱うデータ量の制約は受けず、高速な処理が可能な反面、データベース操作の基礎知識が必要で、要件定義にひと手間がかかるなど、習得が難しい面があり、上級者向けのツールと言えるでしょう。3 つの中で最も使いやすいのは ActiveData

分析ツールの分析

汎用ソフト	Excel、Access など
CAAT ツール	IDEA、ACL、ActiveData など
DA ツール	次々と新しいツールが登場している最中

です。本書の第 4 章では、財務データ分析の具体的な手順を Excel と Ac-tiveData を使用して解説しています。

2. ActiveDataの特徴

　最大の特徴は、ActiveData はとても使いやすいということです。Excel のアドインツールであるため、データ量については Excel の機能による制約を受けますが、テキストや CSV の形式でデータを入手できれば、いつものように Excel を操作する感覚で財務データ分析を行うことができます。習得することが簡単なだけでなく、データを見ながら分析手法を検討し、わずかな手順で分析結果がシートに表示されるため、試行錯誤が容易にできます。

　もう一つの大きな特徴は、価格が非常に安いということです。IDEA と ACL の正式な販売価格は不明ですが、ActiveData は 1 ライセンス 4 万円台ですので、他のソフトより破格に安い価格設定になっています。安いことの最大の理由は、Excel のアドインであることにより開発コストが抑えられているためです。年間サポートも 1 万円台で、サポート契約を結んでいる限りバージョンアップ版も継続して利用できます。

　機能面について言えば、分析メニューは他の 2 つとほぼ同じです。しかも、ActiveData で加工した後に Excel を使ってグラフ化することができ、分析結果を利用してレポートを作成するなど、Excel のアドインであることはとても重宝されます。

！	使いやすい	…	Excel を操作する感覚で分析できる
！	価格が安い	…	他のソフトの数分の 1 の価格
！	機能充実	…	基本的機能は他と同様

3. ActiveData を選ぶ理由

　企業に蓄積された膨大な財務関連データの分析の必要性が強く言われるようになってから 10 年以上の時が経過しましたが、いまだに広く実務に定着しているとは言い難い現状です。それを妨げてきた理由は、導入のハードルが高かったためだと考えています。

　CAAT ツールは、価格が高いと思われています。実際に ActiveData 以外の上述の CAAT ツールや最近登場した DA ツールなどは、それなりのコストがかかります。自社で実績のないデータ分析にチャレンジするには、CAAT ツール導入のコストの高さは、少なからずネックになってきたのだと考えられます。ActiveData は 4 万円台で、習熟するのも簡単であることは、この点にまさに応えていると言えます。

　「CAAT ツールを購入したけど使っていない」と、内部監査の担当者から何度か伺ったことがあります。その理由は、操作が難しい、手間がかかる、コンサルティングを依頼するには予算が足りないといったことでした。筆者も 10 年ほど前に他社のソフトを操作したことがありますが、最初はどこから手を付けてよいか戸惑い、分析前にデータをクリーニングするのにひと手間かかり、要件定義を設定して、やや面倒な設定をしないと分析できませんでした。今は、かなり改善されていると思いますが、今でもデータベースを理解していないとハードルが高いのではないかと思います。

　その点、ActiveData は大きく異なります。先にも書きましたが、Excel に追加されたコマンドメニューを選択すると、ダイアログボックスが開き、ほんの数ステップで分析資料が作成できます。ダイアログボックスでエクセルのシートを参照しながら項目列を選択し、結果はすぐに新しいシートに出力されます。簡単な操作なので、何度となく気の済むまでやり直すことが可能です。

　簡単にやり直せることは、とても重要なことです。不正の手口は多様です。分析を行う場面では、不正が行われているのかどうか、行われているとしてもどのような具体的な手口を用いているのか、いくつか想定はできたとしてもその通りとは限りません。そのため、不正を検出するためには、企業内に

分散されて蓄積されている膨大なデータから一部を選択しては様々な分析手法を繰り返し試み、複数の手順を工夫していく必要があるのです。

また、不正の実行者は、「今ある仕組み」の弱点を突いてきます。内部統制の脆弱性を突いて不正が実行されるのと同様に、監査の弱点を突いてくるのです。不正を企図する者は、監査担当者が毎回同じ分析のみを行っていることを知れば、その分析では検出されない手口を考えて実行します。それが、

☀ ActiveData を選ぶ理由

理由 ①

CAAT ツール
導入の阻害要因

・価格が高い
・習得が難しい
・操作に手間がかかる

理由 ②

難しいツール ➡ 同じ分析方法を使い続ける

⬇

不正実行者は、分析で検出されない不正を考案する

⬇

かえって不正を助長する

たとえ高度で優れた分析であっても同じです。人間の盲点を突いてくるのです。マンネリ化した分析は、不正を抑止する効果がないばかりか、かえって不正を助長してしまう恐れがあります。

　財務データ分析の中には、Excel で簡単にできるものもあります。また、Excel には強力なグラフツールが実装されています。ActiveData で作成した分析資料をビジュアル化するのは Excel の役割です。監査のための財務データ分析のための CAAT ツールとしては、Excel と ActiveData の組み合わせがベストだと思います。

4. ActiveDataの入手

　本書は「パソコンを活用した監査のための財務データ分析」を普及させることを目的に書いています。そのために、第 1 章では財務データ分析がどういったものかを概観して、現状の監査における課題を踏まえて、財務データ分析の必要性を述べてきました。財務データ分析を進めるためのベースとなる知識を身に付けてもらうために、第 2 章で不正の態様を、第 3 章で財務データ分析の技法を説明していきます。第 4 章では、財務データ分析を実践できるように、サンプルデータを用いて、具体的な手順を Excel や Active-Data の操作画面を見てもらいながら説明しています。

　ActiveData は以下のホームページで評価版がダウンロードできます。30日間は無料で使えますので、その間にサンプルデータをダウンロード（p.126 参照）して、本書を見ながら実際に財務データ分析を行うことができます。ぜひ試してみてください。

http://fraud.co.jp/

　このホームページでは、主な機能やシステム概要が載せてある他、製品パンフレットも入手できます。価格や購入方法についてもこのホームページを参照してください。

　少し注意していただきたいのが、ライセンスについての考え方です。Ac-tiveData は 1 人につき 1 ライセンスとなっていますので、共有することはできません。製品サポート契約を締結していただいた場合は、1 人でマシン3 台までインストール可能です。製品サポート契約を締結していない場合はマシン 1 台がインストールの上限となっています。製品を購入される際は、必ず製品サポート契約も締結していただきたいと思っています。製品サポート契約を締結すると、上述の追加インストール権限に加え、E メールによるActiveData For Excel の導入方法、基本的操作方法及び具体的な分析方法についてのサポートと無料アップデートを受けることができます。

　日本語版の販売元である株式会社明誠リサーチでは研修や導入コンサルティングなども行っています。また、HLB Meisei 有限責任監査法人では財務データ分析業務の受託や内部統制監査への組み込み支援などを行っています。詳しくはホームページをご覧ください。

内部監査や不正検知等に
威力を発揮する
データ監査ツールの決定版！

製品ホームページ http://fraud.co.jp/

5.監査のためのデータ分析の実践

　本書を読めば、財務データ分析が簡単に実践できることが理解していただけるのではないかと思います。もちろん、財務データ分析に要求される推理力と分析力、そして職業的懐疑心は一朝一夕に身に付くものではありませんが、皆さんの中には豊富な実務経験とこうした能力も身に付けている方も多くいらっしゃると思います。監査のためのデータ分析を身に付けて、質の高い監査を実践していきましょう。

第2章 不正の態様

概要

1. 不正の態様とデータ分析

　第 2 章では不正の態様について解説します。不正が行われた場合、多くの
ケースでは企業に蓄積された財務データ、業務管理データなどや証憑にその
痕跡が残ります。監査のための財務データ分析は、データに不正の痕跡を示
す特異な傾向がないか、異常データが存在するか否かによって検出する手続
きです。そのため、どのような不正の手口があるかを大まかに把握すること
は、分析を実施するに当たってとても重要な知識となります。

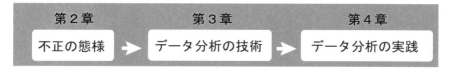

　企業が行う取り引きには商製品の売買取引、役務提供取引、雇用、納税な
ど様々なものがあります。また、取り引きの内容やプロセスは、企業の業種、
業態、規模、管理方法などによって大きく異なります。そのため財務不正の
態様も、企業によって大きく異なることになります。
　売上取引に限っても、それが企業間取引であるか個人顧客向けの取り引き
であるか、在庫があるか、在庫の受払記録が管理されているか、受注記録が
あるか、出荷記録があるか、業務管理ソフトを利用しているか、業務管理シ
ステム間のデータ連携の有無及び方法、内部統制の整備運用状況などにより
大きく異なります。
　不正の手口を企業の実態に応じて場合分けし、網羅して記述することは不

可能に近いだけでなく、データ分析実施者が分析手法を選択し適用するために必要な、不正の手口の概要把握という目的からも大きくそれることとなります。そのため、以下の記述においては不正の手口の概要を述べる中で、特定のケースにおいて財務データ、業務管理データなどに生じる不正の可能性に触れていきたいと思います。

2.不正の分類

　不正という言葉には、犯罪行為から非倫理的行為まで様々な行為が含まれます。近年被害額が急増して大きな社会問題となっている、高齢者に対する特殊詐欺やコンピュータウイルスなどを使ったインターネット犯罪、贈収賄や保険金詐欺なども、不正においては重要なテーマです。しかし、監査のためのデータ分析の実践的テキストブックを目指しているため、本書では企業不正の分析の対象として、不正の中でも不正な財務報告と資産の流用の2つに絞って取り上げていきたいと思います。

　不正な財務報告を行うと、多くのケースでその隠蔽のためにさらに会計処理の操作を行うことになります。例えば、架空売上を行うと架空の売掛金が生じて回収不能となるために、売掛金残高に対して何らかの操作を行ってごまかさなければならなくなります。

　また、資産の流用を行うと、会計数値に痕跡が残る場合があります。例えば、預金を不正に送金した場合には、それを隠蔽するため預金残高のつじつまを合わせるために会計処理を操作する不正行為者が必要となります。

※ 不正の分類

| 不正な財務報告 | 資産の流用 | 不正の隠蔽 |

　　隠蔽のための会計処理などについては、不正な財務報告に分類される内容
ではありますが、様々な手口の不正で同様の隠蔽の方法が用いられるため、
重複を避けるために不正な財務報告、資産の流用とは別の項目を設けて、不
正の隠蔽方法を説明していきたいと思います。

不正な財務報告

1. 概要

　本書では、企業会計上の利益を操作するために行われる不正を「不正な財務報告」としています。

　不正な財務報告の目的である企業会計上の利益は次のように計算されます。

　売上高などの営業収益から、その直接的なコストである売上原価を差し引いたものを売上総利益。そこから販売するためにかかった費用である販売費と、企業を運営管理するために生じる様々な費用である一般管理費を差し引いたものが営業利益。次に預金や貸付金の利息などの金融収益を足して、借入金利息などの金融費用を差し引いたものが経常利益。さらに固定資産の処分などから生じた臨時の損益である特別損益を加減したものが税引前当期純利益。最後に税金費用を差し引いたものが当期純利益となります。

☀ 企業の利益構造

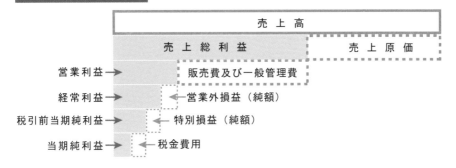

　これらの項目の中で最も大きい金額は売上高です。不正な財務報告も売上

高に関連するものが最も多く、影響額も大きいため「売上の架空計上、過大計上」としてこの項の最初に取り上げます。

　計算の構造から理解できると思いますが、利益を過大に計上するもう一つ主な手口は、控除項目である売上原価や販売費及び一般管理費などの費用計上を過少に計上することです。これについては、「原価・経費の未計上、過少計上」として2番目に取り上げます。

　上記の売上原価、販売費及び一般管理費、営業外損益や特別損益は、資産科目や負債科目の計上額によっても影響を受けます。例えば、売上債権の評価減を行うと貸倒引当金繰入額が計上され利益は減少します。適切な評価減を行わないことで利益の減少額を減らすことができます。資産の過大計上による不正については「資産の架空計上、過大計上及び過大評価」としてその次に取り上げます。　そして「その他の財務不正」をまとめていくつか紹介し、最後に「課税逃れのための財務不正」にも触れていきます。

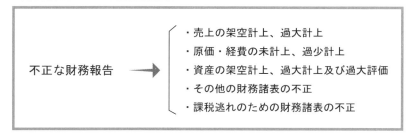

不正な財務報告の分類

不正な財務報告　→
・売上の架空計上、過大計上
・原価・経費の未計上、過少計上
・資産の架空計上、過大計上及び過大評価
・その他の財務諸表の不正
・課税逃れのための財務諸表の不正

2.売上の架空計上、過大計上

　粉飾決算で最も多いのが、売上の架空計上、または過大計上であり、その手口は非常に多様です。形態としては、架空の売上を計上する不正もあれば、過大な金額で計上する不正や翌期の売上の前倒し計上などもあります。手段の中には、工事進行基準や有償支給などを利用した複雑なもの、返品、値引または割戻などの売上控除項目に関する不正もあります。また、単純に売上

集計資料を改ざんしているケースがある一方で、複数の会社を巻き込んで書類が全て整っている大掛かりな架空循環取引も存在しています。

❊ 不正な財務報告の手口

売上の 架空計上 過大計上	架空取引の販売管理システムの入力 販売取引データの改ざん、自動仕訳の改ざん 売上仕訳の架空・過大計上 架空循環取引などの共謀を伴うケース 売上の前倒し計上 工事進行基準における収益の過大計算 返品、売上値引・売上割戻

①架空取引の販売管理システムへの入力

　多くの企業では、日々大量に発生する売上取引を販売管理システムなどの管理システムへ入力して処理しています。売上の架空計上や過大計上を行う場合でも、他の通常の売上取引と同様に販売管理システムなどへ登録するのは、ある意味素直な方法です。この場合、販売管理システムなどの記録と財務会計システムのデータは一致することになります。

　一方、販売管理システムへの入力は、営業担当者または営業管理担当者などの下位の従業員によって行われるのが通常です。比較的少額の架空売上でなければ、上位者の目があるため担当者単独で架空取引を行うことは難しいと思われます。上位者が関与している場合は、ルールに反し上位者が直接入力しているか、ごく限られた上位者と共謀している担当者によって入力されていることが考えられます。また、不正なデータの入力は、他の従業員の目が届かない、夜間や休日に行われるケースが多いと思います。これらのケースでは、販売データを入力担当者別や入力日時別で分析することが有効になります。

　通常は、得意先または個人顧客から注文を受けて、商品の出荷やサービスの提供を行います。架空取引の場合は、もちろん真の受注は存在しません。

偽造された受注証憑に基づいて行われているケースもありますが、受注入力なしに、売上データだけを改ざんするケースもあります。後者のケースでは、受注データが存在しない販売データが生じることになります。

　商製品の販売の場合は、販売管理システムに売上の架空取引を入力しても、その売上データは在庫管理システムの商製品の受払データと一致しなくなります。また、システムによっては販売管理システムと在庫管理システムが連動していて、在庫の払い出しがない限り売上計上ができないものもあります。そのような場合には、直送取引を用いれば、在庫を変動させる必要がなくなるため、しばしば架空売上に用いられます。サービス取引とするケース、架空の商製品を用いるケースなども同様です。いずれのケースでも金額は内容に比して異常に大きくなると考えられます。

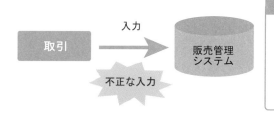

❋ 架空取引のシステムへの入力

■リスクのあるデータ例

・入力日時が夜間、休日
・上位の役職者による入力
・未承認データ
・受注データの不存在
・在庫受払データとの不一致

②販売取引データの改ざん、自動仕訳の改ざん

　架空売上を計上するために、販売管理システムから出力した販売データを改ざんする場合があります。販売管理システムが受注データや在庫受払管理システムとも連携している場合、通常の業務処理の流れで販売管理システムに入力することは、多くの担当者を抱き込んで整合性を取る必要が出てくるので、それを避けるためです。

　販売管理システムと財務会計システムが完全に連動している場合は不可能ですが、データの受け渡しに人の手が介在している場合などには可能です。

　この場合は、販売管理システムのデータを再度ダウンロードして再集計す

ると仕訳データと一致しない結果になります。

　販売管理システムのデータを財務会計システムに取り込んで仕訳データを作成した後に、財務会計システム上で仕訳を改ざんすることも考えられます。システム間のデータの整合性を確保するために、通常、自動仕訳を修正することは禁じられています。もちろん、不正を防止する目的もあります。

　自動仕訳には、それが自動仕訳であることが明らかになるようにフラグが自動的に立てられているのが一般的ですので、自動仕訳であるにもかかわらず、自動仕訳内で仕訳行の連番が飛ぶ、重複する、更新履歴があるなどは、不正の兆候を示すと思われます。なお、財務会計システムの中には、自動仕訳は一切改ざんできないようにロックされているものもあります。

　悪意はないかも知れませんが、売上の一部の自動仕訳が二重に起票されたことにより売上が過大計上となっていた事例がありました。

③売上仕訳の架空・過大計上

　財務会計システムが販売管理システムと連動していない場合は、一般的に架空の売上計上仕訳を入力することや金額を水増しした売上計上仕訳を入力することは可能です。また、自動仕訳がある場合でも、自動仕訳以外に追加の売上計上仕訳を計上することが可能です。

　販売データ、または報告書類を各部署から入手して仕訳が作成されているのであれば、関与している各部署で売上を過大に修正することが可能ですし、会計担当者が売上仕訳の過大計上を行うことも可能になります。

　この場合も、販売管理システムのデータを再度ダウンロードして再集計すると仕訳データと一致しない結果になります。

　なお、販売管理システムの売上高に対して、一定の調整を行う場合があります。出荷基準日の調整、前受収益の調整、未処理の返品・値引など、会計基準などに合わせるための調整が行われる場合があります。こうした調整額を用いて売上の過大計上を行っているケースもあるため、調整額については内容を理解し、裏付けデータを入手して突合するなどの対応が必要になると思われます。

　架空の売上の追加、水増し、調整額の増額などの不正な仕訳処理を行っている場合、年間の売上仕訳を抽出して、売上区分別、部門別、入力種別、入力者別や入力部署別などの角度から分類集計して月次推移や前年対比などを行うことで、こうした不正の痕跡が検出できる可能性があります。

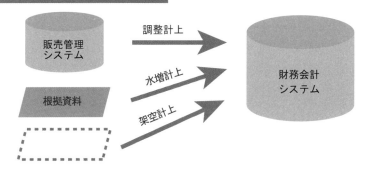

売上仕訳の架空・過大計上

④**架空循環取引**などの共謀を伴うケース

　架空売上の中には、取引先と共謀して行われるケースがあります。架空の取引先や架空取引のために設立した会社と取り引きする場合や関連当事者や通常の取引先と共謀する場合があります。

　取引先との共謀の典型的な例として、架空循環取引があります。巨額の粉飾事件などのニュースで耳にした人も多いと思います。架空循環取引は、実際には存在しない商品などを取引先に売却し、同様の架空売上を数社経由さ

せて、自社がその商品などを再び購入する取り引きです。架空の取り引きが一巡して自社に戻ってくるため、架空循環取引と言われます。取引先と共謀して行われる取り引きなので、商品の売買に関する種々の書類も整えられ、売買代金の決済も行われます。業務管理システムや財務会計システム上の関連するデータも整合性が取れた状態で保管され、売掛金や買掛金の回転期間などの財務比率にもゆがみが生じないため発見が難しいと言われています。

架空循環取引の場合は、不正協力してくれるほどの親密な関係がある限られた取引先となり、担当者も固定され、年に数回だけ、比較的多額の取り引きが繰り返し行われるという特徴があります。その特徴は売上取引にも仕入取引にも表れ、通常は売上と仕入が 1 対 1 の対応をしています。在庫を移動させることはコストアップにつながるため、指図による占有移転などの方法により、在庫を移動させずに書類だけで引き渡しが行われる傾向にあります。

また、架空循環取引の場合は、売上総利益率が他の取り引きに比べて格段に小さくなる傾向にあります。企業は仕入れた金額に利益を乗せて販売します。仕入代金を支払い、売上代金を回収しますが、両者の差額である売上総利益相当額については、何らかの方法で資金調達するか、会計上その差額を隠蔽しなければなりません。この売上総利益を大きくすればするほど、対処が難しくなるからです。架空循環取引の検出に関しては、売上総利益率が著

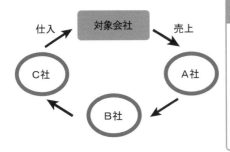

架空循環取引

■リスクのあるデータ例

・特定の取引先、特定の担当者＆多額
・似たような金額で繰り返し行われる
・売上総利益が著しく低い

多角的にデータを絞り込む必要があり、
検出が難しい

しく小さく、金額の突出した取り引きを抽出して詳細に検討することが有効
な手段と言えます。

　このような特徴を有する架空循環取引ですが、どれも相対的な特徴であり、
多角的にデータを絞り込んでいかなければ検出することは難しい取り引き
と言えるでしょう。

⑤売上の前倒し計上

　翌期以降の売上に計上すべき取り引きを当期の売上に計上する粉飾は、取
り引きの実態もあり、時期を前倒しするだけであるため、不正実行者にとっ
て心理的にも手続きの容易さの点でも実行しやすい不正です。

　売上の前倒し計上には、得意先に依頼して翌月以降の分を当月に早期出荷
する方法や翌期出荷予定の未出荷の商製品を当月の売上に計上する方法が
あります。また、検収未了、工事未完了、役務提供未了、サービス期間未経
過などの状態であるにもかかわらず、売上計上することも、収益認識の基準
に反する不正な会計処理です。代金を事前に受領している取り引きの売上の
早期計上は、相手勘定となる前受金残高が過少に計上される結果となります。

　売上の前倒し計上を行うと、期末月に売上が大きくなり、翌期初月の売上
が減少するため、月次推移分析を行うと傾向が見えてきます。いったん早期
計上を始めると、実際の業績が大きく回復しない限り、粉飾額は年々増加す
る傾向になります。

　売上の前倒し計上をした場合でも売上代金の回収期限は、本来の出荷日な
どの期限と同じになることが多いため、代金回収は通常よりも遅れることに
なります。売上計上日と代金の回収日を比較分析すると早期計上しているこ
とが判明する場合もあります。

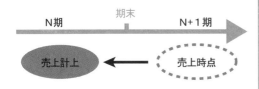

■リスクのあるデータ例

・期末月の売上が増加し、翌期初月の売上が減少する

・翌期初月の多額の売上取消（及び再計上）、返品

・期末の売掛金の回収遅延

　得意先に依頼して翌月以降の分を当月に早期出荷した場合を除いては、いったん翌期首に売上を取り消して、正規の出荷日などで再度売上処理がなされる場合もあります。この場合は、売上の取消しまたは値引き、返品などの分析をするとわかると思われます。

⑥工事進行基準における収益の過大計算

　請負工事やソフトウェアの開発受託においては、一定の要件を満たす場合にプロジェクトの進捗に応じて売上計上を行います。これを工事進行基準と言います。工事の進捗状況は、見積原価総額に対して会計期間末までの実績原価総額の割合で算出します。これらの数値を操作すれば、工事の進捗率を過大に見積もることができ、売上も過大計上されます。工事進行基準の計算時に実績額などを操作しただけの場合は、プロジェクトコストを管理しているシステムのデータと工事進行基準の計算表の工事原価総額が不一致となります。一方、プロジェクトコスト管理システムのデータに遡って操作している場合は、プロジェクト間の原価の振替が多額に発生していることでしょう。

　また、工事やソフトウェアの開発などを進めて行くうちに、コストが予想を超えて発生してしまうことがあります。受注額の増額ができれば良いのですが、できない場合はプロジェクト損益が赤字となります。この赤字見込み額は受注損失引当金として計上しなければなりませんが、これを計上しないことも不正な財務報告の一つとなります。

☀ 工事進行基準の計算

$$工事進捗度 = \frac{実績原価総額}{見積原価総額}$$

当年度の売上 ＝ 受注金額 × 工事進捗度 － 前期までの売上累計

⑦返品　売上値引、売上割戻

　返品が多額に存在する業種や業態もあります。返品は売上高から控除される性質のものですので、業績が悪化したときに、その処理を遅らせれば容易に売上高の過大計上を行うことができます。

　事後的に発生した売上値引を処理しない場合も同様の結果となります。取引時点で値引きが発生しているにもかかわらず、値引き前の金額で帳簿上処理して、値引きを帳簿に記録しない手口も考えられます。

　売上割戻と言うのは、一定の期間において一定の数量を超えて購入してくれた場合に、リベートを支払う契約です。販売促進のために広く用いられる方法です。期末までの販売高を得意先別に集計した後、契約条件に従って計算して計上することになりますが、この計算過程を操作して売上割戻を過少計上した不正事例があります。

　いずれの場合も販売管理システムのデータや財務会計システムのデータの売上控除項目を区分集計して月次推移比較や年次比較をすることで異常が検出される可能性があります。

☀ 売上控除項目とは

売上控除項目 ⟶ ・返品
　　　　　　　　・売上値引
　　　　　　　　・売上割戻

3. 原価・経費の未計上、過少計上

　売上を計上すれば、対応する原価は必ず計上しなければなりません。そうしなければ正しい売上総利益が計算されないためです。商製品の売上原価は、期首の棚卸資産の残高に当期の仕入高あるいは製品製造原価を加えたものから、期末の棚卸資産の残高を差し引いて求めます。また、サービス売上などの場合は、売上に直接に対応する諸経費を売上原価に計上します。売上原価の過少計上の方法には、当期の仕入高や製品製造原価を過少に計上する方法及び売上に直接に対応する諸経費を過少計上する方法と、期末の棚卸高を過大計上する方法があります。

原価・経費の未計上、過少計上

原価・経費の未計上、過少計上 →
- システムへの入力、データ改ざん、自動仕訳の改ざん
- 計上の先送り
- 仕訳の未計上、過少計上

　販売費及び一般管理費は、原則としてその会計期間に発生した費用を期間損益の計算に含めなければなりません。まだ請求書が到着していなくても発生している費用であれば計上しなければなりません。継続的にサービスの提供を受ける場合には、会計期間に対応した金額のみを当期の費用とするために期間按分計算をして、前払費用や未払費用を計上しなければならないものもあります。当期に起因する費用については、将来確定する費用であっても一定の要件の下で引当計上しなければならないコストもあります。固定資産のように長期にわたって利益の獲得に貢献するものは、償却計算により当期に負担すべき費用を計上します。販売費及び一般管理費の過少計上は、費用の性質に応じて会計基準に則った適切な期間損益計算を行わないことを指します。なお、費用の中には、資産の評価減の結果として計上されるものがありますが、それについては別の項目で取り上げます。

①購買管理システムなどへの入力、データ改ざん、自動仕訳の改ざん

　購買管理システムや支払管理システムを利用している場合、売上の項目と同様の手段による不正が行われる可能性があります。すなわち、入力段階における不正な処理、アウトプットデータの改ざん、会計システム上での自動仕訳の改ざんなどです。具体的には、「2. 売上の架空計上、過大計上」の項目を参照してください。（P41）

※ 原価・経費の不正入力・データ改ざん

取引 → 入力 → 販売管理システム → データの受け渡し → 財務会計システム

不正な入力　　データの改ざん

■リスクのあるデータ例

・入力日時が夜間、休日
・上位の役職者による入力
・未承認データ
・システム間のデータの不整合

・自動仕訳における更新履歴
・自動仕訳内の行番号の非連続・重複
・自動仕訳の二重処理

②仕入及び経費の計上の先送り

　原価や費用を過少に計上する方法は、計上を先送りすることです。支払期限までに処理して支払いさえすれば取引先からクレームが来ることはありません。多少の支払い遅延があっても大きなトラブルになることは少ないでしょう。計上時期を先送りすることは、処理が遅れたに過ぎないと言い訳できるため、罪の意識をあまり感じずに実行できるかもしれません。

　企業会計のルールでは、発生したコストは発生した会計期間に処理しなければなりません。仕入高についても計上を先送りした仕入物品が在庫残高として計上されることがあれば、期間損益を歪めることになります。取引先や担当者の処理の遅れで正確な金額が計上できなくても、金額に重要性がある

場合は見積計上を行って、正しく期間損益計算を行わなければなりません。

　この不正の場合も、財務会計システムの仕訳データを科目別及び明細別で月次推移分析を行うことで、期末月の減少と翌期初月の増加となって現れることでしょう。定常的に発生するものであれば、明細レベルで分析したときに期末月の原価や費用の計上が欠落していることを発見するかもしれません。

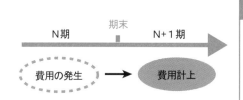

仕上げ及び経費の計上の先送り

N期　期末　N+1期

費用の発生　→　費用計上

■リスクのあるデータ例
・期末月の費用が減少し、翌期初月の費用が増加する
・定常的なコストが期末月に不存在
・期初月に同一取引先のコストが2回計上されている

③仕入及び経費仕訳の未計上・過少計上

　仕入取引や費用の発生する取り引きを行うと、後日代金を支払わなければならなくなります。この段階で仕入や経費を計上しない方法は、帳簿外の資金で支払う方法と支払金額を何らかの資産に計上するか負債のマイナスとしてしまう方法があります。

　帳簿外の資金で支払えば、当然企業の財務数字に反映されません。経営者が個人的な資金から支払うケース、帳簿外で借り入れた資金で支払うケース、過去の不正でプールした資金を用いるケースなどがあります。こうしたケースでは、経営者や借入先への返済資金として、後日貸付金や投資の名目で資金が流出する場合があります。

　支払代金の資産計上の方法の一つに、仕入代金を前渡金に計上する手口があります。仕入先への商品代金を、いまだに仕入れていないとして前渡金を架空計上すると、一見して不正な仕訳に見えません。その他には、仮払金や短期貸付金などの名目で仕入代金や経費の支払代金を資産計上する方法が

あります。

　支払いをすでに計上済みの買掛金や未払金の支払いや借入金の返済取引として、負債のマイナスとして仕訳処理することによっても、仕入や費用計上を回避することが可能となります。

　仕入の控除項目に仕入値引や仕入割戻があります。仕入値引や仕入割戻を架空計上することによっても仕入計上額を不当に圧縮することができます。

　これらの不正では、資産や負債の残高が誤ったものとなっています。期末残高を明細レベルで比較分析すると異常な増減項目が見つかる可能性があります。

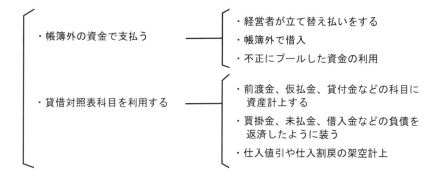

仕入及び経費仕訳の未計上、過少計上

・帳簿外の資金で支払う　──　・経営者が立て替え払いをする
　　　　　　　　　　　　　　　・帳簿外で借入
　　　　　　　　　　　　　　　・不正にプールした資金の利用

・貸借対照表科目を利用する　──　・前渡金、仮払金、貸付金などの科目に資産計上する
　　　　　　　　　　　　　　　　　・買掛金、未払金、借入金などの負債を返済したように装う
　　　　　　　　　　　　　　　　　・仕入値引や仕入割戻の架空計上

4.資産の架空計上、過大計上及び過大評価

　資産の架空計上、過大計上及び過大評価は、それ自体が不正な利益のねん出のために行われるだけでなく、他の不正な会計処理や資産の不正流用の結果生じるケースや、それらの隠蔽工作の手段として用いられる場合もあります。

　この項目では、特定の資産に限定して、資産の架空計上、過大計上及び過大評価自体が、不正な利益のねん出のために行われる場合を中心に解説していきます。

①売上債権

　架空売上を計上すれば、架空の売掛金が発生します。売上の過大計上を行うと売掛金が過大計上されます。これらの売掛金は回収できるものではないため、通常は滞留債権になります。

滞留債権の一部をリストから削除

得意先名	請求日	請求書No.	金額
A社	××月××日	××11	50000
A社	××月××日	××12	22000
B社	××月××日	××13	30000
C社	××月××日	××14	170000
C社	××月××日	××14	260000
合計			532000

得意先名	請求日	請求書No.	金額
A社	××月××日	××11	50000
B社	××月××日	××13	30000
合計			80000

　売掛金を回収することは企業活動の要であるため、回収状況の管理は重要な経営管理活動の一つです。一般的には、期限内に回収されなかった売掛金を把握し、得意先に速やかに督促し、一定期間滞留する状況となれば取り引きの停止や債権の保全措置を行います。回収管理の一環として、売掛金の滞留状況の把握のために、売掛金の発生日または回収期日を起算日として基準日までに何日間経過しているかを表にしたものが売掛金の年齢調べ表です。一定期間以上滞留している売掛金の一覧表を滞留債権一覧表と呼びます。

　企業会計のルールでは、滞留債権については回収可能性を個別に評価して、債権の控除科目として貸倒引当金を計上するとともに評価減額を費用として計上することが求められています。そのため、評価減すべき売掛金を監査人などから隠す目的で、売掛金の年齢調べ表や滞留債権一覧表から滞留している債権の一部を削除する不正が行われる場合があります。この場合には、販売管理システムから売上債権の明細データを入手して、売掛金の年齢調べ表や滞留債権一覧表を監査人自ら再作成すると改ざんが判明します。

　滞留債権を隠すもう一つの方法は、滞留状況にある売掛金の年齢を若返らせることです。不正実行者は、期限を超過した売掛金が長期滞留債権として

個別評価の対象となる前に、売上計上をいったん取り消して、再計上という手段を取ります。これにより起算日が更新され、滞留債権として認識されなくなるためです。こうした不正の検出は、不正検出のために販売管理システムの取引データを入手し、取消と再計上を同額で行っているものを抽出してその合理性を検討することで可能となります。例えば、取消と再計上の内容が全く同じ場合は合理性がないと推測されます。

②棚卸資産

　上述の通り、棚卸資産を過大に計上すると売上原価は小さくなり、売上総利益が過大に計算されることになります。企業は、棚卸資産について入出庫を記録し、期末に帳簿を締め切って帳簿上の棚卸資産残高を計算します。紛失や盗難、帳簿の誤記入などにより、帳簿残高は実数と合わなくなるため、実地棚卸で最終的な棚卸資産残高を確定。そのため、棚卸資産を過大計上するには、実地棚卸の数量または単価を過大に計上する必要があります。

　実地棚卸の数量を過大に計上する方法には、実地棚卸時に作成される棚卸原票の改ざんや架空原票の混入、実地棚卸集計データの改ざん、架空倉庫を用いた実地棚卸数の水増しなどの方法があります。継続記録の誤謬がある場合を除けば、通常は棚卸実施前の数量よりも実施後の数量は少なくなります。

　棚卸実施前の在庫数量と最終の在庫数量を比較して原因を調査することは、こうした不正の検出に有効です。

※ 実施棚卸高の不正

実数のカウント	→	集計	→	実地棚卸データ	→	帳簿残高の修正
↑不正		↑不正		↑不正		↑不正
数量の水増し		棚卸原票の改ざん 架空の棚卸原票		データの改ざん		差異調整をしない

　棚卸資産の単価は、個別法、先入先出法、平均法などにより算定されます。棚卸資産の数は膨大であることが多く、通常はシステム上で自動計算されます。単価の検証は手間がかかるため、単価の改ざんは発見が難しい不正の一つです。製商品別の受払データを全て入手できるときは、再計算を実施して検証することが可能です。不可能な場合は、直近の仕入データと在庫の単価を比較して、乖離が著しいものがないか検討する方法もあります。

　棚卸資産の過大計上には、適切な評価減をしない方法もあります。棚卸資産の中には、販売期限があるもの、パソコンのように新機種が出ると市場価額が大きく低下するもの、衣料品のようにシーズンを過ぎると著しく価値が下がるものなどがあります。こうした状況であるにもかかわらず正味売却可能まで評価減をしないと、利益の過大計上となる不正な会計処理となります。

　請負工事やソフトウェア開発の受託などの場合は、工事原価などを対象となるプロジェクトに適切に集計・配分しないことにより、利益を操作することができます。原価の一部を本来のプロジェクトから、翌期以降に完成するプロジェクトや失注案件へ付け替えること、プロジェクトの原価を仕掛品から意図的に完成原価に振り替えないようにすることなどがそれに当たります。プロジェクト原価管理システムのデータからプロジェクト間の付け替えを行っているデータを抽出すると不正な振替が見つかる可能性があります。また、不正に付け替えられたプロジェクトのコストは開始早々多額にコストが発生している状態になるため、コストの計上タイミングを時系列で分析すれば、異常な傾向が見つかることでしょう。

❋ 棚卸資産の不正の分類

棚卸資産の不正
- ・実地棚卸高の不正
- ・在庫単価の不正
- ・評価減の未計上、過少計上
- ・仕掛品の過大計上

③固定資産

　固定資産は、取得した時点では支出した全額は費用計上されず、いったん固定資産として計上されます。固定資産のうち、償却資産と呼ばれるものについては、償却計算を通じて、経済的耐用年数にわたって各会計期間の費用に配分されます。

　費用に計上すべきものを固定資産に計上すればその期の費用は実際よりも少なくなるため、利益を過大に計上することができます。修繕のコストのうち資産計上すべきでない維持管理のための費用を固定資産計上するケースがあります。

　償却計算を操作して、過少な減価償却費を計上することも不正な会計処理になります。特定の固定資産の償却計算を停止し、あるいは耐用年数や償却率を改ざんして計算額を不当に少なくすることで減価償却費を過少計上することができます。減価償却費の不正は、償却計算の再実施をすると会社の計算結果と一致しなくなります。また、償却費の対固定資産比率を前期比較すると不合理な変化が観察される可能性があります。

　また、帳簿価額に比して、その固定資産の利用による将来の収益が少なくなった場合には、帳簿価額を減額し、減損損失を計上しなければなりません。この減損処理を適切に行わないことも不正な会計処理となります。

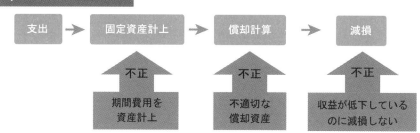

　ソフトウェアについては、その制作目的に応じて会計処理が定められています。受注制作の場合は棚卸資産に計上します。市場販売目的の場合は製品マスタ完成までの制作費は研究開発費でその後の通常の改良のみ資産計上ができます。自社利用目的の場合は将来の収益獲得や費用削減が確実な場合にソフトウェアとして資産計上し、そうでない場合は研究開発費として処理しなければなりません。会計基準に反して資産計上することは不正会計に当たります。こうした研究開発費に限らず、システム関連で発生した維持管理の費用や他の業務に従事している人件費などを資産計上する不正があります。自社利用のソフトウェアの場合は、取替投資であるにもかかわらず、不要となったソフトウェアを除却しないケースもあります。ソフトウェアは形がないため第三者には実態を把握することが難しいため、不正リスクが高い項目と言えます。計上時の仕訳の相手勘定分析や費用項目の詳細な分析によって、実在しないまたは過大なソフトウェアが検出できる場合があります。

　のれんについては、不適切な企業結合による過大計上、償却期間の妥当性、収益性の低下による減損など種々の問題がありますが、のれんの論点については他の書籍などをご参照ください。

5. その他の不正な財務報告

　その他にも不正な財務報告には様々なものがありますが、その一部を簡潔に紹介したいと思います。

　実際は支払っていない買掛金や未払金を取り消して、その相手勘定として収益を計上する方法があります。単純な仕訳ではすぐに見付けることができますが、行数の多い複合仕訳や連結精算表の中で処理されると、注意深く読み解かなければならなくなります。

　決算整理仕訳においては、資産、負債、収益、費用の各勘定残高の調整が行われます。仮決算の結果、当期の利益が計画などに対して不足している場合や、損失計上などによりコベナンツ条項（銀行からの借り入れにおける特別な条件）などに違反してしまう状況だとわかると、経営者は何とかして利

益をねん出しようとします。決算整理仕訳は、財務部門のみで決算の最終段階で計上することが可能なため、リスクの高い項目とされています。決算整理を用いた不正な会計処理については、決算整理仕訳を勘定科目別に仕訳を集計して年次比較をすると、異常な項目や合理性のない変化が観察できることでしょう。それらを詳細に検討してみると、根拠があいまいな仕訳や根拠資料が改ざんされているものが発見されるかも知れません。

　業績の悪い会社を連結の範囲から除外すると、実態は変わらないにもかかわらず、連結グループの利益が増加することになります。連結除外は、連結決算における粉飾の典型例です。

☼ その他の不正な財務報告の分類

その他の不正な財務報告
- 負債項目の不適切な消去による収益計上
- 決算整理事項の不当な調整
- 業績の悪いグループ会社の連結除外
- 業績の悪化した投資有価証券の飛ばし処理

　連結対象となっていない投資先の業績が悪化するとその投資の価値は減少します。会計上は、時価のない株式について著しい実質価額の下落が生じると減損処理が求められます。これを回避するために、関係先の会社や新たに設立したファンドなどに帳簿価額で売却して損失計上を避けることが行われます。これは、飛ばしと言われる不正です。

6.課税逃れのための不正な財務報告

　経営者は、課税逃れのために課税所得の計算の基礎となる企業利益を過少に計上する不正を行う場合があります。また、企業利益の平準化という動機のもとに企業利益を少なくする場合もあります。企業利益を過少に算定することもまた財務諸表の不正に当たります。適正な納税を行うことは企業経営者の責務であり、課税逃れは許されることではありません。

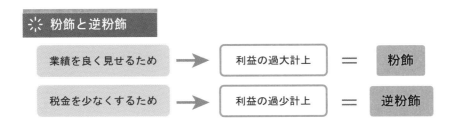

　企業利益を少なくする手段には、現金売上の一部除外、簿外売上、根拠のない売上のマイナス処理などによって売上を過少計上する方法と、在庫隠し、二重の給与帳簿による人件費の水増し、架空請求書または架空領収書を用いた架空費用の計上などによって売上原価及び費用を過大計上する方法があります。
　これらの企業利益を少なく計上する方法は、資産の流用の手段と重なる部分が多いため、内容については次項で解説します。

2-3 資産の流用

1. 概要

　経営者や従業員が個人的な目的のために企業の資産を横領し、あるいは一時的に不正利用する行為を「資産の流用」と言います。企業は様々な資産を保有しています。現金、在庫、備品などの有形のものもあれば、預金や売掛金などの債権もあります。企業では、有形の資産については担当者を定めて保管し受払を管理しています。金額的に重要な資産は、その受払を記録し、残高も管理されています。

　管理が甘ければ、もちろんそうした資産は盗難や横領の対象となる可能性があります。信頼されているベテランの担当者が不正流用を長年行っていたというニュースはよく耳にします。十分な管理の仕組みを構築していたつもりでも、共謀や役職者の関与により内部統制が無効化され、資産が不正流用されるケースもあります。

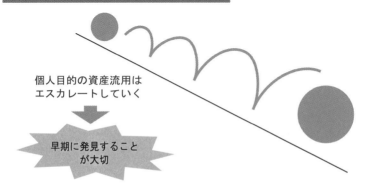

　個人目的の資産の不正流用は、少額のものでも一度成功してしまうと、徐々にエスカレートして、金額が増え、手口も大胆になってくる傾向にあります。損害が巨額になる前に、早期に発見することが必要です。以下では、「現金または預金の着服及び簿外借入」「受注・売上・代金回収時の着服」「在庫及び購買・代金支払時の着服」「給与支給における着服」「金券類の窃盗」に区分して説明していきます。

資産の不正の分類

資産の不正流用	・現金または預金の着服及び簿外借入 ・受注・売上・代金回収時の着服 ・在庫及び購買、代金支払時の着服 ・給与支給における着服 ・金券類の窃盗

2.現金または預金の着服及び簿外借入

　企業では、小口の経費を支払うための資金を各部署に持たせることがあります。これを小口現金と言います。管理を任された担当者が、現金を単純に抜き取る方法や私用の領収書などを証拠として準備して着服するケースがあります。担当部署に対して小口現金の使用報告を定期的に行わせて、小口現金有り高を第三者が実査するなどの管理をしている限り大きな損害にはならないでしょう。

　高額の取り引きや臨時の支払いに備えるために、多額の現金を引き出して大金庫に保管している企業があります。この大金庫を管理している役職者が、多額の現金を着服するケースがあります。

　当座預金口座を開設している場合、企業は銀行から小切手帳を受け取ります。小切手に内容を記入し、銀行取引印を捺印して銀行に持ち込むことにより、現金にすることができます。小切手帳の管理を任されている者が小切手

を振り出して着服する手口があります。

　預金口座にある資金を正当な根拠なく個人の口座に振り込む横領の手口は、ニュースなどでもよく耳にします。預金の出納管理を全面的に任されている役職者や担当者が長年にわたって繰り返し実行していた事例もあります。

　預金の流用の手口の一つに借入金の返済を偽装するというものがあります。借入金の返済の名目で振り込みや小切手の振り出しを行い、会社の帳簿上は銀行へ借入金を返済した取り引きとして記帳しておきながら、実際には個人の口座への振り込みや小切手の資金化による着服を行います。

　銀行借入を利用する手口には、会社名義で借り入れておきながら、借入を帳簿に記載せず、資金を個人で着服するものがあります。この場合は、借入れた資金を入金するための会社名義の口座が必要となります。一般的には新規の口座開設は難しいため、会社で日常的に管理されていない休眠口座などが利用されます。

　現金や預金の着服が行われた場合には、実際残高と帳簿残高が当然のことながら一致していません。しかし、不正実行者は定期的な第三者による実査や確認をあらかじめ計算に入れているため、それを回避するか何らかの隠蔽工作を行います。現預金の着服の場合は、抜き打ちで残高を検証することで一致していないことが明らかにできます。

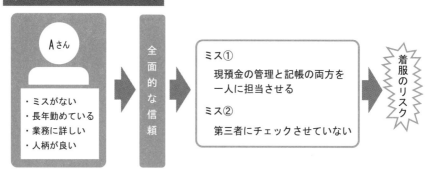

3.受注・売上・代金回収時の着服

　かつては売上代金を営業担当者が集金する企業は多かったと思います。今でも売上代金または顧客からの金銭を担当者が集金するケースがあります。駐車場や自動販売機の代金の回収、保険外交員による保険料の預かり、銀行員による顧客資産の預かり、個人の資産家などに対する外商ビジネスなどがその例です。集金担当者は、一人で代金を持って行動するため、着服する事件は後を絶ちません。損害保険金の事例では、顧客には契約したとして書面を交付しておきながら、本部には契約していないことにして担当者が着服していたが、保険事故の発生率が低いため、長年にわたって発覚しなかったケースがありました。集金時の着服はすでに売上計上された代金に対してのものであれば、滞留債権として後日表面化します。駐車場や自動販売機の代金の回収では、ロケーション別や集金担当者別の日時売上を比較分析すると異常が検出される可能性があります。契約さえ結ばない損害保険のケースでは、契約関連のクレーム件数や内容を分析すると痕跡が見つかるかもしれません。

　店舗展開するビジネスでは、売上及びその代金はレジに記録して管理されます。売上計上する際にそもそもレジを通さなければ、その代金は宙に浮くことになり、着服が可能です。レジが本部により集中管理されていない企業では、1日の売上を店舗担当者が打ち直して改ざんできます。正規のレジ以外に着服用のレジやカード端末を用いる方法もあります。これらの場合は、

レジに記録が残らないので、日々の店舗別の売上データを様々な角度から分析しなければ異常を発見することは難しいと考えます。また、返品処理や誤入力による返金処理などを偽装して、レジから返金したことにした代金を着服する手口もあります。この場合は、特定の店舗や担当者で返品処理や取消処理の件数が増加します。一般的には、店舗の日々の売上代金は近隣の銀行に預け入れられます。その際に、担当者が一部または全額を着服する場合があります。日報の改ざんと合わせて行われることになり、長年発覚しなかった事例もあります。

　一般的には、店舗の日々の売上代金は近隣の銀行に預け入れられます。その際に、担当者が一部または全額を着服する場合があります。日報の改ざんと合わせておこなわれ、長年発覚しなかった事例もあります。

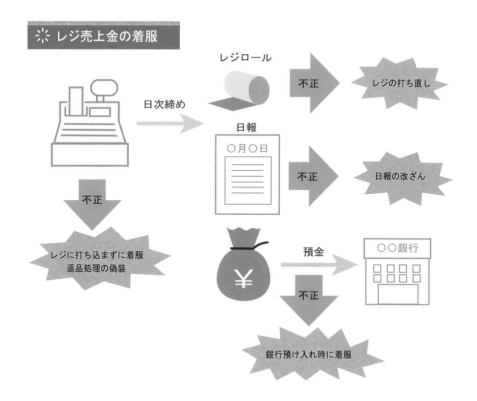

レジ売上金の着服

　企業間の取り引きの売上代金の着服には、請求書を改ざんする手口もあります。請求書がエクセルなどで作成されている場合は、請求書の振込先の口座番号を改ざんすることで、会社が管理していない口座に入金させることが可能となります。この場合、振込口座の変更履歴に不正の痕跡があるかもしれませんし、得意先マスタの振込口座と実際の振込口座の不一致として現れるかもしれません。

　購入額を増やしてもらうためのインセンティブとして、一定期間の得意先への販売額が設定額を超えた場合に、代金の一部を返金する契約を結ぶことがあります。これを売上割戻と言います。契約していない相手先に対しても割戻計算する方法や、割戻金額を契約よりも多額に計算する方法により売上割戻の過大計上を行い、計上額と実際の支払額との差額を着服する手口があります。売上割戻の不正に対しては、契約条件と対象となる売上データに基づいて再計算を実施することで、その事実を明らかにできるでしょう。

4.在庫及び購買の横領・代金の着服

　在庫をめぐる不正にはいくつか異なる手口があります。管理が行き届いていない在庫物品を単に持ち出すやり方以外に、顧客からの受注に応じて発送したと見せかけて個人の関係先に発送して物品を横領する方法、配送先に自宅などを指定して発注し、その直送された物品を窃取する方法などがあります。

　購買先から発注の見返りに個人がキックバックを受けることは不正な利得行為です。中には購買先と共謀してキックバックのために水増しされた単価で発注するケースもあります。ソフトウェア開発や各種の業務委託取引は、詳細な仕様などを把握している者が発注権限者に限られ、金額の適正性が第三者にわかりづらいため、水増し発注や架空発注に多く利用されます。支店長が自ら支配している会社に清掃業務、教育研修業務などを架空発注していた事例がありました。取り引きの内容が多様なため、相場よりも高いかどうかの判断は、よほどの乖離がない限り難しいケースが多いと思われます。

　一定期間に多額の購入をすると仕入先から割戻を受ける契約を結ぶ場合があります。売上における売上割戻を相手側から見た取り引きです。この仕入割戻については、割戻額を通常とは別の口座に入金してもらって着服する不正の手口があります。購入先別の割戻金額を時系列で比較していけば、担当者の交代時期に変化が見られるかもしれません。粉飾事例の中には、購買担当者が変更されても不正が長年引き継がれ、時系列分析が役に立たないものもありました。

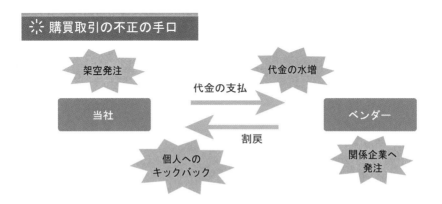

従業員の経費精算においても過大請求による不正が行われます。具体的には、個人的な経費を企業の経費として申請して精算することはよくあることでしょう。証憑書類の不正使用としては、同じ証憑を 2 度使って二重に経費を精算する、法人カードと現金の両方で精算する、領収書の金額を改ざんする、あるいは第三者が使った領収書を用いて精算する方法などがあります。領収書は不正に売買されることもあり、組織ぐるみの場合にはそうした領収書が大量に利用されることもあるようです。交通費の精算が経路報告のみで領収書不要としている企業が多いことを利用した交通費の水増し請求も多発しています。こうした不正が行われている場合、経費精算データを集計すると不正実行者の経費が突出する結果となるでしょう。

・個人的な経費を精算
・証憑の二重使用による二重精算
・法人カード払いを個人立替経費として精算
・領収書を偽造、改ざんして精算
・交通費の水増し精算

5.給与支給における着服

　架空の従業員へ給与を支給したと見せかけて着服する手口があります。給与ソフトなどに登録する架空の従業員のデータとしては、全く架空の人物、退職した従業員、あるいは親族や知人の情報などがあります。退職した従業員の情報を利用した場合は、既に登録されている情報を流用できるため情報が完全に揃っている場合が多いですが、その他の場合は、連絡先や社会保険番号などが欠落している場合が多いと思われます。架空名義の口座を用意することは通常困難なため、銀行振込データの氏名は給与計算ソフトの登録データと一致しなくなります。

　勤務時間の管理方法は企業によって様々です。タイムカードの打刻、パソコンなどによるタイムスタンプ、タイムシートの提出などの勤務時間の集計方法に応じて、不正が生じないように工夫して管理が行われています。様々な管理手法を駆使してもなお、残業時間の水増しによる給与の過大支給は防ぎきれていないのが実情です。また、残業手当の計算や営業成績などに応じて支払われるインセンティブの計算などの手当額を不当に増額して支払う不正もあります。給与担当者と特定の従業員が共謀して実行した場合には、支給された従業員から給与などの担当者へ、超過支払分の一部が分配されま

す。これらの不正は給与支給明細データを詳細に分析していくと、金額の異常として検出できる可能性があります。

　その他の給与関連の不正としては、経営管理に関与していない名目だけの役員に対しての報酬支給が挙げられます。

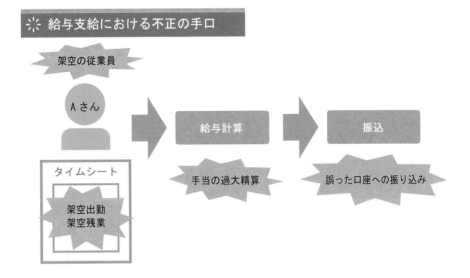

6. 金券類の窃盗

　切手、印紙、商品券などは、金券ショップなどで簡単に換金できます。多くの企業では受払簿を作成して、十分な現物管理を行っていると思います。しかし、その管理を任されている者が購入後に即時に換金して着服することは、よくある不正と言えるでしょう。こうした不正は、関連する経費科目の計上額、購入額、または使用金額を部署別に時系列で見ていくと異常な増加となって現れると思われます。

2-4　不正の隠蔽

1. 概要

　　財務諸表の不正が行われると、資産や負債の帳簿計上額と実際の残高が異なる結果となります。資産の不正流用の場合も同様です。不正の中には、特段の隠蔽工作がなされていない場合もありますが、多くの場合、不正実行者は、不正の事実が明らかにならないように様々な手段を講じます。

　　不正の事実は、部下や同僚、関係する他部署の従業員からの内部告発や取引先などからの情報提供により発覚することが多いです。

☀ 不正の隠蔽の分類

不正の隠蔽
・不足した現預金の隠蔽
・架空または過大な売掛金の処理
・不足した在庫の処理
・簿外借入の隠蔽

上司のチェック、内外の監査人や監査役によって発見されることもあります。不正を発見する可能性のある人々を第三者と一括りにして、以下説明していきます。

2. 不足した現預金の隠蔽

　　現金や預金の残高が不足している場合、第三者から不足額について問われた実行者の言い逃れとしては、次のようなものがあります。裏付けを取るなど事実関係を追及しないと、発見が遅れる場合があります。
・仮払として支出した（仮払した旨のメモや、仮払の領収書が金庫に入れら

れている)。

・取り引きのために契約交渉先に現金を預託している。
・通帳は記帳のため持ち出しているため、今は手元にない。

　預金残高は、銀行から発行される書類に記載されます。預金通帳、当座勘定照合表、残高証明書などです。これらの書類を隠匿して第三者に見せないやり方の他に、カラーコピーを用いて切り貼りする方法やソフトを用いる方法により偽造書類が作成されたこともあります。外部監査人は、銀行確認状を作成して銀行に残高の確認を実施しますが、不正実行者はこうした外部者の監査さえもすり抜けようと交錯します。過去の事例としては、監査人が被監査会社の近くのポストに投かんした確認状の回収時間に待機して郵便局員から回収した事例や、銀行に赴いて確認状を回収した事例があります。回収した確認状には、自ら虚偽の数字を記入し、偽造した銀行印を押印して、あたかも本物の銀行確認状のように偽装したのです。

　言い逃れや証拠書類の改ざんではなく、実際に現金を調達する場合もあります。個人的にまたは会社の名義を用いて、帳簿に記載せずに外部から借入を行い、借り入れた現預金を穴埋めに使用する方法です。簿外借入が発生しますので、その処理の問題が新たに発生します。

　投資や融資の名目で支出したことにして、帳簿上のつじつまを合わせる場合があります。この場合は、実在しない有価証券や貸付金が計上された状態になります。不正の実行者は、後日これらの残高を消去するために、有価証券の減損処理や貸付金の貸倒処理を行います。

　架空の代金を支払ったことにして、隠蔽する場合があります。消耗品やサービスなどの経費であれば、虚偽の証憑書類などを用意して虚偽の会計処理ができさえすれば、隠蔽は完結します。仕入代金の支払いや固定資産の購入代金の場合は、架空の在庫や架空の固定資産が帳簿上計上されてしまうため、さらにそれらの隠蔽工作が必要となります。

現預金の不正の隠蔽

不正した現預金の隠蔽
- ・言い逃れ
  - ・仮払金として支出した
  - ・取引のために預託した
  - ・通帳は記帳のために持ち出した
- ・証拠書類の改ざん
- ・現預金の調達 → 個人資金による穴埋め
  → 会社名義で簿外借入
- ・他の勘定科目への振替

3. 架空または過大な売掛金の処理

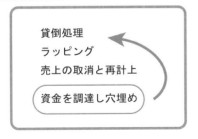

架空又は過大な売掛金の処理

貸倒処理
ラッピング
売上の取消と再計上
資金を調達し穴埋め

架空または過大な売掛金が帳簿に計上されていれば、当然回収することはできません。長期間帳簿に記載されていれば、それだけ不正が発覚するリスクが高くなります。滞留債権を発覚しないようにする基本的な手口については、「2-2 不正な財務報告 4. 資産の架空計上、過大計上及び過大評価 ①売上債権」（P.56）の項目を参照してください。以下では、帳簿から消去する方法とラッピングという手口に絞って記述していきます。

①貸倒処理

架空または過大な売掛金を帳簿から消去する最も簡単な方法は、貸倒処理して損失計上してしまうことです。不正が組織的に行われ、貸倒の承認権限者が共謀者に含まれている場合には、容易に処理することができるでしょう。

不正実行者が資金を調達して、売掛金の回収として会社に入金して穴埋め

することがあります。これで済んでしまえば会社に損害は生じないため問題が解決したように思われますが、そうではありません。この資金は前項でも書きましたが、個人的に何らかの方法で調達するか、会社名義を用いて帳簿外で借り入れを行って調達したものです。時間が経過すれば、調達した資金の処理のために、不正実行者は従来の額よりも大きな金額の不正を行うことになるでしょう。個人が穴埋めによって回収する場合は、一定期間の回収遅延が生じた後に入金されることが多いので、そうしたデータを抽出することが有効と思われます。

②ラッピング

　存在しない売掛金を滞留債権として認識させない隠蔽の手口として、ラッピングと呼ばれるものがあります。Ａ社の売掛金を着服するとＡ社は入金済みなのに売掛金の残高が残ります。そのままではＡ社に問い合わせが行ってしまい着服が発覚してしまうので、回収期限がＡ社より後のＢ社の売掛金の入金をＡ社の入金として処理します。同様にＣ社の入金をＢ社の入金、Ｄ社の入金をＣ社の入金といった感じで帳簿上の付け替え処理を繰り返して、差額を先送りすることをラッピングと言います。この手口の結末としては、着服額が拡大していき隠蔽工作が破たんするか、貸し倒れなどの手段を用いることになります。ラッピングの不正は、得意先別の入金額と売掛金が１対１で完全に一致することはないため、対象となった売掛金には部分入金の形で消し込まれることになります。入金消込データを分析すれば部分入金の件数の増加となって現れ、その内容を追っていくことで異常が検出されると思われます。

4.不足した在庫の処理

　在庫の窃盗や横流しなどで帳簿数量と実際数量が合わなくなった場合、定期的に実施される実地棚卸に差異が生じます。棚卸差異の原因追及を行っていないような場合や責任者である場合は、容易に棚卸差異として損失処理し

てしまうことができるでしょう。実地棚卸を待たなくても、廃棄処理をしたことにして在庫数量を調整することも可能です。棚卸差異のデータや廃棄処理記録をレビューすることは重要な手続きと言えるでしょう。

在庫があるように架空の倉庫に預けたことにする、あるいは外注先に預けていると見せかけるなどの方法があります。発注側には協力せざるを得ないと考えている外注先の中には、架空の在庫証明書の発行に協力してしまうところもあるかも知れません。

☀ 在庫不正の処理

- 棚卸差異として処理
- 廃棄として処理
- 架空の倉庫をデータ上で作成する
- 預け在庫に見せかける

5.簿外借入の隠蔽

帳簿外の借入であっても、当たり前ですがいずれ返済期日が訪れます。運転資金の借り入れであれば、金利さえ支払っている限り、期日に借り換えを行うことできると思われます。借入残高が少ない間は、金利の支払いも大きな負担とはならないですが、借入残高が膨らんでくると金利の支払いが負担になり、さらなる不正の誘因になります。

借入の際には担保を要求されることが多いですが、帳簿外の借り入れの場合は企業の固定資産などを担保提供するのは困難を伴います。企業のオーナーが不正に関与した事例では、オーナー個人が所有する株の担保提供が行われています。

一般に普通預金は質権などが設定できないため、担保提供することが困難と思われていますが、ネットバンキングを利用していない口座の通帳と銀行届出印を相手方に預けてしまえば、企業は預金を引き出せなくなる一方、相手方はいつでも引き出し可能となるので、実質的には担保として利用することができます。これは、簿外借入の借入先が個人の場合に行われる方法です。

第3章　データ分析の技術

分析技法の種類

1. 多様な分析技法

　第 2 章で見てきたように不正の手口は非常に多様です。不正の態様によって、検出できる分析技法も異なりますが、不正のリスクがあっても具体的に業務プロセスのどの段階で不正が行われているのか、どのデータにどのような不正の痕跡が残っているのかは、様々なデータに各種の分析技法を試みてみなければ、不正データの検出はできません。データ分析は試行錯誤の繰り返しです。試行錯誤のためには、一般的なデータ分析の技法にはどのようなものがあるか幅広く知っておく必要があります。

　第 3 章では、監査のためのデータ分析を行う基本的な知識として、データ分析の技法にはどのようなものがあるのかなど一般的なデータ分析技法を取り上げます。分析技法はたくさんあります。それらを分類する方法にもいろいろありますが、この本では分析技法を「時点間の比較、他社比」「データの全体を対象とする分析」「異常なレコードの抽出」「ファイル間の整合性」「その他の分析技法」の 5 つに分けて解説した後、データ監査に必須のスキルである「サンプリング」を取り上げています。

> #### 分析技法の種類
>
> **分析技法**
> - 時点間の比較、他社比較
> - データの全体を対象とする分析
> - 異常なレコードの抽出
> - ファイル間の整合性
> - その他の分析技法

> **サンプリング**
> - ランダムサンプリング
> - 階層化サンプリング
> - 金額単位サンプリング

　もちろんデータ分析技法の解説を読んだだけでは実践することは容易ではないでしょう。この次の第4章の実践事例では、ExcelやActiveDataというデータ分析ツールをどのように使えば良いのか、具体的な操作方法についてキャプチャー画面を用いて解説していきたいと思います。

2. 視覚化（グラフ化）の重要性

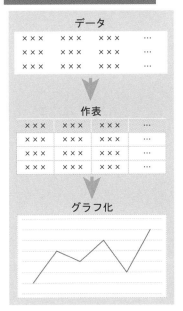

　数字が羅列された表は、数字に強い人がつぶさに見ていけば個々の数値の変化の量や全体的に見た動きや重要性が見えるかもしれませんが、多くの人にとっては難しいものです。また、数字に強い人でも表が大きくなるにしたがって、見落としなく表を理解して変化を把握することは困難な作業となるでしょう。

　数字の変化を把握するにはグラフ化が最も有効です。数字を細かく追わなければわからなかった時系列の動きも、グラフ化されていれば一瞬で把握できます。数字の変化を見落とすこともなくなるでしょう。グラフにより視覚化することは、とても重要なことです。Excelという便利なツールを日常的に使用している私たちは、たったひと手間で実行できるグラフ化機能を最大限に利用すべきです。

3-2 時点間の比較、他社比較

1. 概要

　数字を分析する場合、分析の尺度となる「物差し」が必要です。当期の数字だけを眺めていても、その金額の意味するところは外部者にはわかりません。当期の数字は前期の数字と比べることで、いくら増減しているか、どの程度の率で増減しているかを細かく検討することができます。時点間の比較には、2 時点だけでなく連続した多数の時点の連続的変化を分析するトレンド分析の方法もあります。連続した長期間の増減の変化を見ることは、2 時点間の比較とは異なる視点からの情報を提供してくれます。

　対象データについては、財務諸表やすでに作成済みの集計数値だけでなく、集計前の明細データを入手して独自に再集計したデータを用いる方法もあります。また、財務数値間の比率、財務指標などを計算した上で、比較データとして利用することもあります。経営者の見積項目などについては、見積金額と算定基礎数値を時点間で比較して分析します。

　対象数値を比較する「物差し」には、企業内の時点間のデータ以外に同業他社や業界平均の数値データを用いることができます。

☀ 比較分析の区分

2 時点比較	・2 時点の増減要因の詳細な検討
トレンド比較	・一定期間の数値の変動がわかる
他社比較	・対象会社の財務構造の特徴や業績の良し悪しがわかる ・相違理由が不正の緒となる可能性

2. 2期比較分析（数値）

　2期間だけの時点比較は、その期間に絞って増減の要因を詳細に検討することができるため、監査の最も基本的な分析手法とされています。

　期末財務諸表を比較する場合は、前期と当期の数値を比較します。四半期や月次で行う場合は、前月末や前四半期末などの直近の数値と比較する方法や、貸借対照表項目の前期末との対比、損益計算書項目の前年の同期間との、または同期末までとの累計額で比較する方法があります。外部監査人は一般的には後者の方法を取ります。貸借対照表項目については期末時点で実証手続を実施して詳細を把握しているためであり、損益計算書項目は季節的変動がある企業が多いことや財務諸表の開示内容が累計期間で行われることが多いためです。

　2期比較分析は、財務諸表よりも詳細なレベルでも行います。勘定科目の内訳残高、部門別や製品別の残高、業務管理システムの得意先別や仕入先別の残高など、種々の内訳集計額を比較して、その増減額、増減比率を分析します。

　財務諸表、残高試算表、補助科目残高一覧表などの2期比較表は、多くの財務会計システムで CSV データの出力が可能です。その他の明細資料についても業務管理システムなどから出力できることが多いと思われます。2期比較表は積み上げ棒グラフなどにすると、一目でわかるようになります。

☀ 貸借対照表（資産）の２期比較

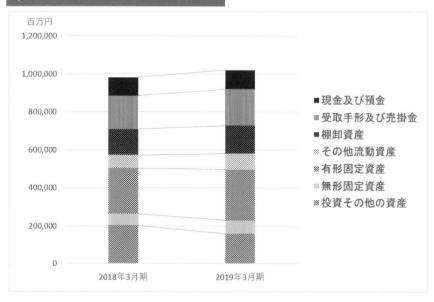

百万円

凡例
- ■現金及び預金
- ▥受取手形及び売掛金
- ▨棚卸資産
- ▨その他流動資産
- ▧有形固定資産
- ▥無形固定資産
- ▨投資その他の資産

☀ 貸借対照表（負債・純資産）の２期比較

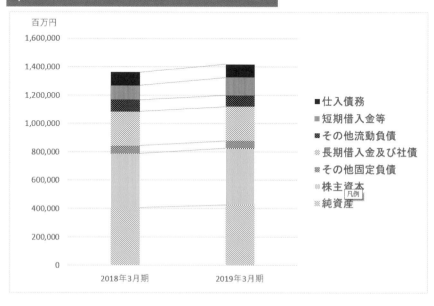

百万円

凡例
- ■仕入債務
- ▥短期借入金等
- ▨その他流動負債
- ▨長期借入金及び社債
- ▨その他固定負債
- ▥株主資本
- ▨純資産

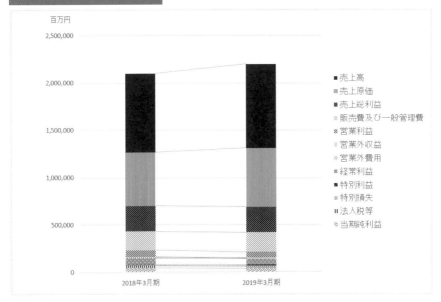

3. トレンド分析（数値～年次、月次、四半期）

　上述した通り、数値の時点比較にはトレンド分析の方法もあります。年次であれば、貸借対照表項目及び損益計算書項目に対して5会計期間以上のトレンド分析を行います。5会計期間の数値を並べてグラフ化すると、2期比較だけではわからなかった長期にわたる数値の変化がわかります。2期比較の増減についてヒアリングした内容が長期トレンドの示す傾向と矛盾するケースもあります。2期比較のヒアリングをしたときに、当期に在庫が増えた理由を期末近くにたまたま大きな仕入れがあっただけで、タイミングの問題だと説明されていたにもかかわらず、5期間で逓増傾向を示していて、追及したところ当初の説明が誤っていたこともありました。

　損益計算書や後述する回転期間などの比率分析については、四半期や月次で2会計期間を分析の対象期間とします。四半期や月次を2会計期間対象とした方が良い理由は、グラフを見てわかる通り、2会計期間を重ねて比較

することで、数字の動きをトレンド推移と 2 期比較の 2 つの側面で見ることができるためです。月次トレンドは、対象となる数値の性質を念頭に置いて分析することが大切です。売上高であれば、季節的要因や対象企業の販売状況などを把握する必要があります。費用についても、売上に連動して変動する費用、季節的要因に左右される費用、毎月固定的に発生する費用、突発的に発生する費用など、その項目の内容と性質を把握することで変化が異常を示しているか否かを判断することができます。

　トレンド分析についても、2 期比較と同様に財務会計システムや業務管理システムから CSV で出力するか、Excel で作成した上で積み上げ折れ線棒グラフなどを用いて視覚化した方がわかりやすくなります。

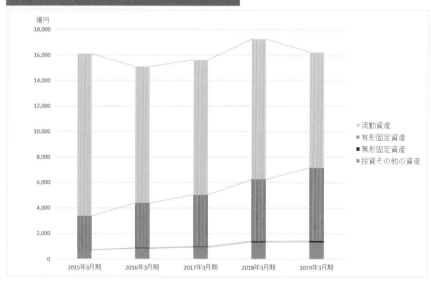

資産の区分別長期年次推移グラフ

☀ 負債・資本の区分別長期年次推移グラフ

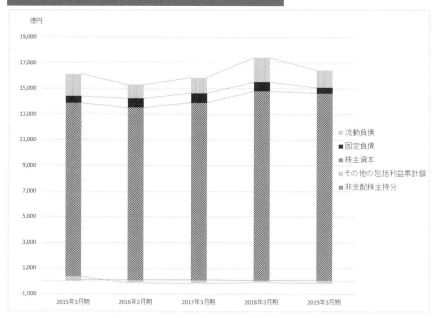

☀ 売上高と利益率の月次推移グラフ

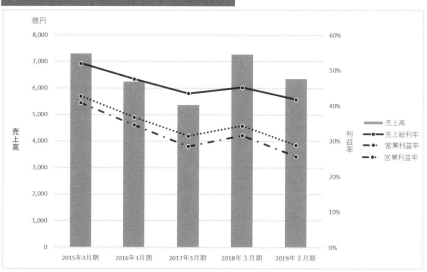

4.明細データの区分別再集計と分析

　企業が作成して利用している集計資料はごく一部に過ぎません。限られた切り口で区分集計された数値を用いて 2 期比較やトレンド分析を行っても見えてこない増減も、様々な切り口から再集計して分析すると異常な増減や傾向が見えてくる場合があります。また、再集計を実施することは、提供された集計資料の数字が正しいことを検証することにもつながります。

　この分析を行うためには、まず、分析対象とする数値と合致する明細データを入手しなければなりません。どのシステムのどの処理段階のファイルを対象とすべきか、どの日付項目を指定して範囲とするのが集計期間として正しいのか、キャンセルデータや別集計されるべきデータなどは含まれていないか、特定のフラグが付いたものは外すべきか否かなどを理解した上で、適切なデータを取得する必要があります。明細データを入手したら、総額が提供された集計資料などと一致していることを確かめる必要があります。

　様々な項目をキーにして集計するには、エクセルのピボットテーブルを用いることが便利です。ActiveData の集計／ピボットコマンドを用いても同様の処理を行うことができます。

　ピボットテーブルの 2 つの軸のうち、片側には期間を入れるとよいでしょう。もう一つの集計軸に何を選択すべきかが問題となりますが、特定の切り口などにこだわることなく、不正の手口を想定しながら、従業員、取引先、製品種類など、様々な項目で集計してみると良いでしょう。項目によっては、対象となる区分の数が多すぎて表が長大になり、分析に向かないケースもあります。その場合は、適当にカテゴリー分けをすることや、上位アイテムとその他に分けて集計することによって分析できるようになります。

☀ 営業担当者別売上高の2期比較

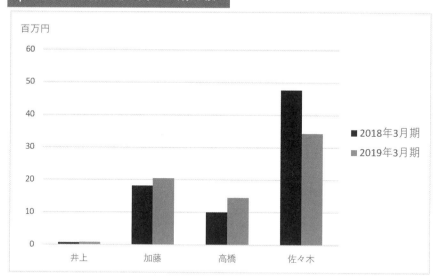

☀ 主要取引先別売上高の月次推移

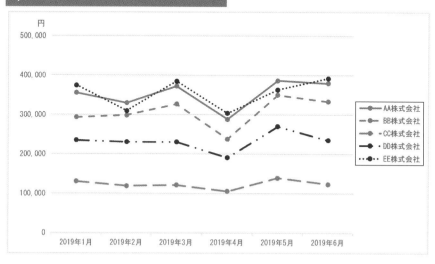

5.財務数値間の比率、財務指標

　財務数値には相関関係が認められるものがあります。例えば一般的に、出荷にかかるコストは、売上高に比例します。特定の商品の売上に関連する販売手数料、販売促進費、ロイヤリティーなども同様です。在庫コストは、固定的な費用と在庫数量に応じて変化する費用に分けられ、在庫金額との一定の相関関係が認められると考えられます。

　財務数値間の比率としては、各種の財務指標があります。財務指標は、歴史的には銀行などの外部金融機関が財政状態を分析するために考案されたもので、債務の支払能力を判断するための安全性分析が重視されています。また、証券取引の発展に伴い収益性分析、生産性分析、成長性分析なども必要とされ、様々な財務指標が考案され、企業の財務データ分析に用いられるようになりました。

　多額の財務不正が存在する場合、歪んだ財務数値を反映して増減する経営指標もあるものの、経営指標の多くは不正検出の尺度としての有効性は低く、有効な財務指標として考えられるのは売上高利益率、回転期間分析です。

　売上債権の残高が平均月次売上高の何カ月分に相当するかを計算した数値を、売上債権回転期間と言います。売上債権の残高は、売上高と一定の相関関係を持つことが通常であるからです。売上債権回転期間が通常の回収条件より長くなり、さらに逓増傾向にあれば、滞留債権が多額に発生している可能性があるため、監査上は重要な指標として分析対象としています。棚卸資産の回転期間も、滞留在庫の有無を検討するための重要な指標と考えられています。売上高利益率は、各段階利益に対する売上高の比率を総称したもので、売上高総利益率や経常利益率などがあります。売上総利益を売上高で割って計算した売上総利益率は、架空売上や原価隠しなどの不正会計が行われた場合に変動する可能性が高い項目であるため、必須の手続きとなります。

　こうした財務数値間の比率や回転期間についても、上述した 2 期比較やトレンド分析の手法で分析していきます。例えば、売上債権の回転期間の月次トレンドについては、折れ線グラフにして 2 期分重ねて表示すると分析しやすいでしょう。

販売促進費対売上高比率の月次推移

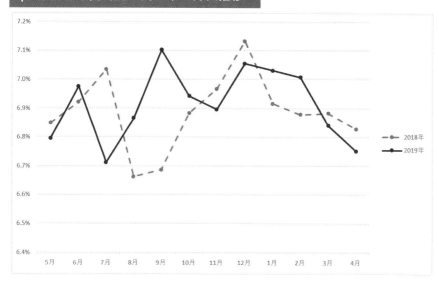

売掛債権回転期間

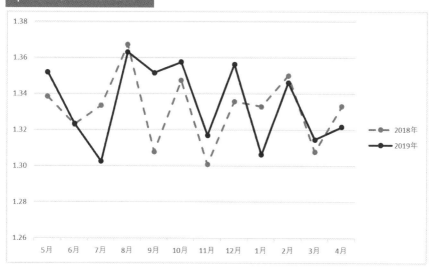

6. 見積基礎数値の比較

　財務数値の中には、貸倒引当金、棚卸資産の評価、製品保証引当金、有形固定資産の減価償却、無形固定資産の償却、固定資産の減損、投資などの減損、資産除去債務、賞与引当金、退職給付にかかる債務、偶発損失の引当金など、経営者が見積もりによって計算している項目があります。

　複雑な見積項目の代表的なものに退職給付にかかる負債があります。これは、個々人の給与額、勤続年数に応じた支給倍率、退職、死亡、昇給率、退職事由や役職などによる加算または減算、割引率、期待運用収益率、年金資産の期首残高など、様々な計算要素に基づいて見積もり計算されています。経営者は、会計基準などに従って過去実績などに基づいて最善の見積もりをしなければなりませんが、計算要素のいくつかを操作することによって、当期に計上すべき費用や退職給付にかかる負債の金額を調整することを不正会計の手段として用いられる可能性があります。

　見積もりに使用した基礎数値などに関して 2 期比較や長期トレンド分析を行うことは、経営者の見積項目の分析として有効な方法となります。算定基礎数値の比較分析については便利な方法はなく、エクセルを用いて地道に比較表を作成して、数値の変動状況を個別に比較することになるでしょう。

❊ 退職給付にかかる債務の算定基礎数値の比較

1．財務諸表計上額

	2018年3月末	2019年3月末
＜ストック＞		
退職給付債務	116,836,499	118,911,765
未認識数理計算上の差異	9,022,927	12,490,790
退職給付引当金	125,859,426	131,402,555
＜フロー＞		
退職金支払額	16,544,070	9,272,549
退職給付費用	15,307,692	14,815,679

2．退職給付債務の計算

①評価の結果		
債務評価基準日時点の退職給付債務	116,836,499	118,911,765
基準日以後1年間の勤務費用	17,277,563	16,442,002
基準日以後1年間の利息費用	1,402,038	1,426,941
②使用データ		
加入員		
－対象者	895	872
－基準給与月額計	165,362,374	161,244,939
－平均年齢	32.4	32.8
－平均勤務期間	7.0	7.5
－平均残存勤務期間	5.0	5.1
加重平均期間	5.2	5.2
③計算の基礎		
割引率	1.2%	1.2%
計算上の最終年齢	60歳	60歳
予定死亡率	厚生年金基金で使用する予定死亡率	厚生年金基金で使用する予定死亡率
退職率	28.9%	28.9%
予想昇給率	1.5%	1.5%

3．期末人員

期末人員数	957	933
対象人員数対期末人員数	95.5%	95.3%

7.同業他社比較、業種平均との比較

　比較可能な数値としては、自社内の時点間の比較数値の他に同業他社の数値や業種平均の数値があります。競合他社やこの場合は、企業によって規模が異なるため、売上高利益率や回転率などの財務指標を比較することになります。これにより、他社や業界平均などと比較した対象会社の財務構造の特徴や業績の良し悪しなどがわかります。また、数値の相違の理由に不合理な点があれば、不正の発見の端緒となるかもしれません。

　これらの財務指標以外にも業種固有の重要な資産項目や費用項目などがあれば、それらの資産総額に対する比率や売上高に対する比率を計算して分析することも有効な場合があります。

　財務指標の比較については、長期トレンド推移のグラフを 2 社分重ねて表示すると分析しやすいでしょう。

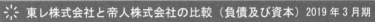

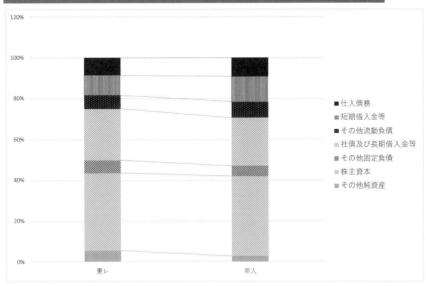

東レ株式会社と帝人株式会社の比較（負債及び資本）2019 年 3 月期

☀ 東レ株式会社と帝人株式会社の比較（負債及び資本）2019年3月期

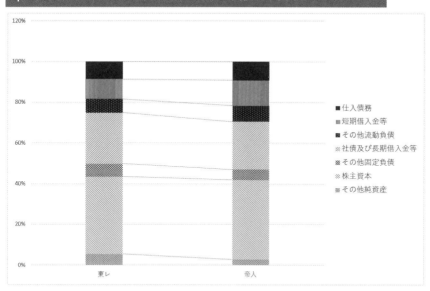

凡例:
- ■ 仕入債務
- ▥ 短期借入金等
- ■ その他流動負債
- ※ 社債及び長期借入金等
- ※ その他固定負債
- ※ 株主資本
- ※ その他純資産

☀ 5期間の経常利益率の2社比較（東レ株式会社・帝人株式会社）

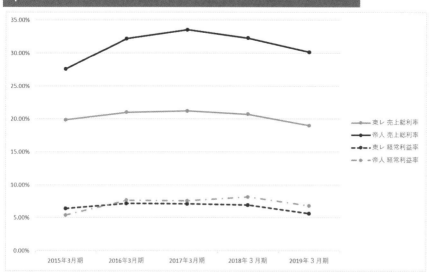

凡例:
- 東レ 売上総利率
- 帝人 売上総利率
- 東レ 経常利益率
- 帝人 経常利益率

3-3　データの全体を対象とする分析

1. 概要

　データ分析を行うに当たって、いきなり詳細な分析に入ることは好ましくありません。入手したデータの構造を把握し、どのようなレコードが含まれているか、データの全体像はどうなっているのかを知ることは、どのような分析をすべきか判断する際にも、分析結果の検討の際にも役立ちます。これ

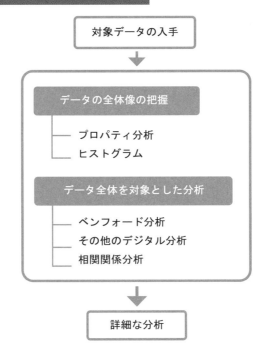

には、プロパティ分析やヒストグラムなどの分析技法があります。

　データの全体を対象とする分析には、対象データに含まれる数字に着目したデジタル分析の方法があります。有名なベンフォードの法則にしたがった分析もこのデジタル分析の1つです。

　データに含まれる2つの変数の関係を分析するのが相関関係分析と言われる方法です。相関関係から外れるレコードを異常値として検出するために利用する場合と、相関関係に基づいて将来の数字を予測し、あるいは予測値の検証に利用される場合があります。

2.プロパティ分析

　データを入手すると、項目数だけで数十以上、場合によっては100を超える項目がある場合があります。どのような項目があるのか、利用しているか否か、番号データか、テキストデータか、日付データか、レコード数や項目に含まれる空白セルの個数など、データの項目の属性を把握するとその後のデータ分析に役立ちます。

　不要な項目列をあらかじめ削除してから分析をすれば、その後の作業が楽になります。大半のセルに番号やテキストが入力されているにもかかわらず、一部に空白セルがある項目列については、それが異常を示すかどうかを検討する必要があります。日付の項目の値の属性がテキストデータとなっている場合、データ分析の前にセルの値をテキストから日付に変更する必要があることがわかります。

　ActiveDataの列の属性コマンドを用いると、このようなデータ項目の属性を簡単に表示することができて非常に便利です。

列の属性

列名	請求日付	伝票No.	品番	数量	単価	金額	販売 担当者 コード	販売担当者
数値セル	0	38722	0	38722	38722	38722	38722	0
テキストセル	38722	0	38722	0	0	0	0	38722
日付セル	0	0	0	0	0	0	0	0
空白セル	0	0	0	0	0	0	0	0
エラーセル	0	0	0	0	0	0	0	0
セルの合計	38722	38722	38722	38722	38722	38722	38722	38722
コメント								
検出タイプ	テキスト	番号	テキスト	番号	番号	番号	番号	テキスト

3.ヒストグラム（度数分布表、階層化分析）

　データの全体像を見るための方法としては、数値を一定の間隔（階級）で区切り、そこに含まれる数（度数）を一覧にする方法があります。これを度数分布表と言います。この度数分布表をグラフ化したものがヒストグラムです。

　それぞれの階級に含まれる数値を合計すると、その階級の全体に対する重要性が明らかになります。度数分布表から作成する場合は、階級幅の中央値に度数を乗じる方法などにより、概算で求めることができます。

　データの全体像を把握することは、詳細な分析を行うときに役立ちます。金額が狭い範囲に固まっているのか、右側に長く伸びている（テールが長い）のか、標準的な一つの山の形をしている分布なのかそうでないのかなどが見えれば、詳細分析で検出された異常データなどがデータ全体のどの位置にあるものかがわかります。これは、異常データについてのフォローアップを行う際の予備的判断に役立ちます。

　また、山型のデータの一部に突出した度数を持つ階級がある場合は、不正データが混入している可能性もあります。特に右に長いテールを持ち、その一部に突出する部分がある場合で、かつその階級の数値の合計に突出した重要性がある場合は、その階級に含まれたデータを詳細に見る必要があるかもしれません。

　Excelにはデータ分析のアドインが装備されています。これを用いれば度数分布表とヒストグラムを作成することができます。手順の概要を説明する

階層 番号	>=	<	件数	%（構成比）	金額	%（構成比）
1	0	6,667	18,410	48.19	57,202,258	13.32
2	6,667	13,334	8,056	21.09	78,234,852	18.22
3	13,334	20,001	5,143	13.46	84,621,213	19.70
4	20,001	26,668	2,438	6.38	54,958,262	12.80
5	26,668	33,335	2,880	7.54	86,658,322	20.18
6	33,335	40,002	424	1.11	15,369,255	3.58
7	40,002	46,669	161	0.42	6,883,182	1.60
8	46,669	53,336	106	0.28	5,211,045	1.21
9	53,336	60,003	170	0.45	9,734,592	2.27
10	60,003	66,670	181	0.47	11,217,183	2.61
11	66,670	73,337	57	0.15	3,989,120	0.93
12	73,337	80,004	25	0.07	1,937,960	0.45
13	80,004	86,671	47	0.12	3,912,281	0.91
14	86,671	93,338	47	0.12	4,205,832	0.98
15	93,338	100,000	55	0.14	5,241,440	1.22
合計			38,201	100	429,476,797	100

売上金額ヒストグラム

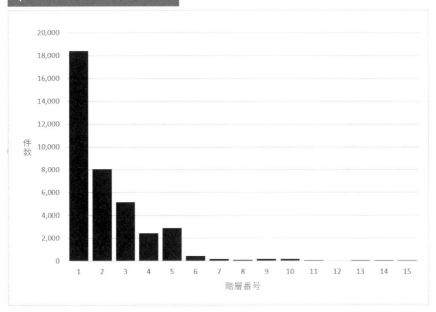

と、まず、ファイルメニューのオプションからアドインのデータ分析をインストールします。階級幅の部分を作表してから、データ分析のヒストグラムを選択して、対象データと階級幅の表を指定すると作成できます。

　ActiveData の階層化分析コマンドを用いると、度数分布表とヒストグラムが簡単に作成できます。階層化ダイアログボックスの左側には対象項目の統計値が示され、最大値、最小値、平均値、分散、標準偏差などを参照することができます。また、階層数入力や階層幅指定による階層化サポート機能があります。さらに、階級に含まれる数値の合計は自動的に算出してくれます。なお、ActiveData での詳しい分析方法などは第 4 章にて記載します。

4. デジタル分析（ベンフォード分析、同一数字の連続）

　任意に集められた膨大なデータの数値については、最初の 1 桁目の数字の発生確率の分布は 1 が最も多く、2 から数字が増えるごとに減少し、9 が最も少ない頻度となります。これはベンフォードの法則と呼ばれています。最初の 2 桁についても、10 が最も頻繁に出現し、数字が増えるごとに出現頻度が減少し、99 が最小になります。一方、下 1 桁や下 2 桁については、均質に出現することが明らかにされています。人為的に生成した大量のデータが混入している場合には、特定の数字の発生確率がこの法則から大きく外れることになるため、データの偽造の発見に有効とされています。

　データ分析においては、対象データについて数字の出現頻度を調べ、こうした法則から大きく外れているデータの有無を調べることをベンフォード分析またはデジタル分析と呼んでいます。大きく外れた数字を持つデータ群については、明細をレビューして、人為的に生成された偽造データであるか否かを検討します。

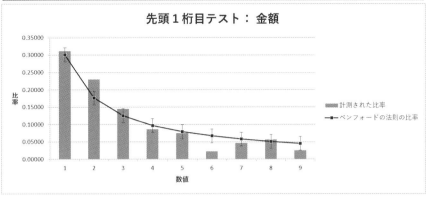

ベンフォード分析

先頭1桁目テスト	先頭の数値	件数	計測された比率	ベンフォードの法則の比率	差異	上限値	下限値	Z統計値
分析: 金額	1	11,907	0.31169	0.30103	0.0106634	0.30564	0.29642	4.53802
	2	8,791	0.23012	0.17609	0.0540336	0.17992	0.17226	27.71964
	3	5,518	0.14445	0.12494	0.0195077	0.12827	0.12161	11.52352
	4	3,275	0.08573	0.09691	0.0111793	0.09989	0.09393	7.37721
	5	2,886	0.07555	0.07918	0.0036335	0.08190	0.07646	2.62057
	6	888	0.02325	0.06695	0.0437013	0.06947	0.06443	34.16519
	7	1,799	0.04709	0.05799	0.0108989	0.06035	0.05564	9.10308
	8	2,156	0.05644	0.05115	0.0052858	0.05337	0.04893	4.67777
	9	981	0.02568	0.04576	0.0200775	0.04787	0.04365	18.76740
	合計	38,201			差異平均	0.0198868		

先頭1桁目テスト: 金額

凡例: 計測された比率 / ベンフォードの法則の比率

　ただし、この分析は常に役立つとは限りません。対象データの分量が少な
いと発生確率が暴れて逸脱する数字が多くなります。また、仕訳データ、販
売データ、購買データなどを実際に検証してみると、特定の取り引きの発生
頻度の多さ、主力商品単価の偏り、消費税の影響などにより、法則から逸脱
する発生確率が多く見られます。逸脱した全ての数字の明細をレビューする
のには労力が多くかかりますが、実際には問題がないケースが多いため、調
査コストの無駄な増加につながります。一方、逸脱するケースを絞るために
許容範囲を大きくすると、人為的なデータの生成を見逃すリスクが高まって
しまいます。この手続きは、大量の偽造データが混入しているリスクが高い
と判断した場合に限定して行うのが良いでしょう。

　Excelでベンフォード分析を行うには、少し手間がかかります。手順とし
ては、金額欄の最初の桁の数字を抽出して、次に、抽出後最初の数字ごとに
個数を数えて割合（発生頻度）を算定します。こうして算定された発生頻度
をベンフォードの法則の理論値と比較します。

　ActiveData にはデジタル分析のコマンドが用意されています。Active-
Data のデジタル分析では、ベンフォードの法則に基づく先頭 1 桁テストだ
けでなく、先頭 2 桁テスト、先頭 2 桁目のみのテスト、先頭 3 桁テスト、末
尾 2 桁テストも行うことができます。信頼度の入力によりどの程度逸脱した
ものをエラーとして検出するのかを設定できます。また、丸い数字（ゼロが
数多く連続している数値）のテストなど他のデジタル分析もこのコマンドで
実行することができます。

5. 相関分析（回帰分析）

　データの間にある関係性に注目するのが相関分析です。一方の値が増えた
ときに他方の値が増える場合には正の相関関係があると言い、一方の値が増
えたときに他方の値が減る場合には負の相関関係があると言います。
　例えば、通信販売における閲覧数と売上高、注文数と売上高、荷造運賃と
売上高は正の相関関係があるでしょう。1 カ月の平均気温とビールの売上高
なども正の相関があるでしょう。企業の財務データや業務管理システムに蓄
積された様々なデータの中には相関関係が認められるものは少なくありま
せん。相関関係にある 2 つの変数の 1 つを x 軸、もう 1 つを y 軸にしてグ
ラフ化したものを散布図と言います。
　2 つの変数の間に相関関係があるか否か、相関関係が強いかどうかを知る
には、Excel のコリレーション（CORREL）関数を用います。1 に近ければ
強い正の相関が認められ、− 1 に近ければ強い負の相関が認められます。相
関関係がないとゼロに近い値となります。
　Excel のグラフ機能の中に散布図が用意されていますので、簡単に作成で
きます。また、相関関係を y ＝ ax ＋ b の形で表わしたものを回帰式と言い
ます。この回帰式も散布図のグラフ作成時にオプションで選択するとグラフ
内に表示することができます。
　前述した Excel のデータ分析のアドインには、回帰分析のコマンドも含ま
れています。手順としては、まず、ファイルメニューのオプションからアド

インのデータ分析をインストールします。データ分析の相関分析コマンドを
用いて、2 つの変数の範囲を指定すると、回帰統計、分散分析表、優位性の
判定のための各種の値などが出力できます。

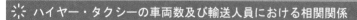

ハイヤー・タクシーの車両数及び輸送人員における相関関係

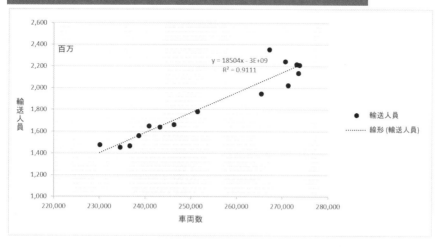

3-4　異常なレコードの抽出

1. 概要

　データの中には異常と見える特定の値を持つレコードが存在する場合があります。異常なレコードを抽出して、そのレコードを吟味し、ヒアリングや関連資料の閲覧などの追加手続きを実施することはデータ分析の基本的な手続きです。

　異常なレコードは、数値に異常のあるレコード、テキストに異常のあるレコード、空白セルを持つレコード、レコード間に矛盾があるレコードに分けられます。

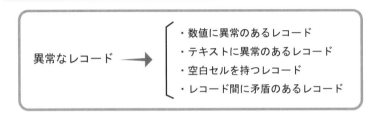

2.数値に異常のあるレコード

　レコードの数値項目に着目したときに、数値の異常性が不正の痕跡を示している場合があります。どのようなケースがあるかを見ていきましょう。

①異常な特定の値を持つレコード

　異常な値を持つレコードとしては、売掛金残高明細の中のマイナスの値のレコード、与信管理システムにおけるマイナスの与信残高、データ処理日時が夜間や休日のレコードなどがその例です。

②閾値を超える値を持つレコード

　取引明細の中に異常に大きな取引金額、異常に大きな単価、あるいは異常に大きな数量、対象となる集計期間に含まれない日付レコード、回収条件を大きく超過した請求日の未回収債権、販売期限を超過した製造日の在庫、適正在庫量を大きく上回る在庫数量など、一定の閾値を超える値を持つ異常なレコードもあります。

③丸い数字などを持つレコード

　デジタル分析には、丸い数字のテストや連続数字のテストがあります。丸い数字というのは、ゼロが数多く連続している数値です（10,000,000 や7,000,000 など）。丸い数字には、例えば 25 の倍数といったものも含まれます。連続数字のテストと言うのは、333,333 や 666,666 などといった同一数字が連続した数値を抽出するテストです。とはいえ、ゼロが連続している企業取引は、借入取引や高額の取り引きなどをはじめ、一定程度存在します。該当する取り引きを抽出した上で、取引内容の妥当性を検討する必要があります。

④計算結果に矛盾がある

　単価に数量を乗じた値と金額欄は一致するはずです。金額欄だけ上書きをするなどの操作を行っている場合には、金額が一致しなくなります。販売

データで出荷フラグが立っているにもかかわらず、出荷日付が入っていない、返品フラグが立っているにもかかわらずプラスで記録されているなども、矛盾があるデータです。多くのシステムではこのようなデータが入力できないように組み込まれています。

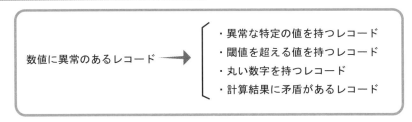

数値に異常のあるレコード

数値に異常のあるレコード　→
- ・異常な特定の値を持つレコード
- ・閾値を超える値を持つレコード
- ・丸い数字を持つレコード
- ・計算結果に矛盾があるレコード

3.テキストに異常のあるレコード

次にテキスト項目の異常性について見ていきましょう。

①不正を示唆する文字を含むレコード

レコードの中には、不正を示唆する特定の文字が含まれているものがある場合があります。不正の実行者にしかわからない隠語を用いているケースが多いため、不正が発覚した後に、同様の不正が他に存在しないか検査する場合や、他の手続きを実施している中で、適用内容などにそぐわない単語が使われていることを発見した場合などに実施する手続きです。

手掛かりがない中で、一般的な「不正」「架空」「特例案件」などの用語を多数用いて抽出しようとされる方もいますが、不正実行者があからさまな用語をデータに記録することはほとんどないでしょう。そのような用語が抽出されないことをもって、不正がないとの心証を得ることは絶対に避けるべきです。

②異常に短い文字数の項目を持つレコード

　テキストデータが格納される摘要などの項目のうち、一定の内容が記述されるルールとなっているにもかかわらず、異常に文字数が少ない場合に、それが異常性を示している場合があります。また、ルール上の桁数を満たさないコード、異常に短い名称、住所なども同様です。

☀ テキストに異常のあるレコード

テキストに異常のあるレコード　──→　・不正を示唆する文字を含むレコード
　　　　　　　　　　　　　　　　　・異常に短い文字数の項目を持つレコード

4.空白のセルを持つレコード

　データを入手すると全く値が格納されていない項目や特定のレコードにしか値が入っていないものもあります。一方、売上明細の中の受注番号、出荷日、数量、単価、承認日時など、値が入力されていないことが本来許されない項目もあります。必須項目が空白であるレコードも異常なレコードの例となります。

5.レコード間に矛盾があるレコード

①連続していないレコード

　企業の保有しているデータには、自動的に連番が付されるデータが数多くあります。受注番号、出荷番号、仕訳伝票番号、稟議番号などのユーザー側に見える番号もあれば、システム上保持しているけれども画面や印刷上は現れないシステム上の番号もあります。データが生成されるときには連番が付されても、誤入力や取り引きなどの取り消しに際してデータを削除されてしまうことや、連番の付されたレコードの一部が次の処理に回されなかったこ

とにより、処理後のデータでは連番になっていないケースがある一方、データの改ざんを防ぐ目的で内部統制のルールや自動統制により連番が確保され、修正、取消などは全て記録に残るように管理されている場合もあります。このように連番管理されている場合は、番号が連続していないことが内部統制のルールや自動統制に反していることを意味し、不正リスクがあると考えられます。ルール上、連番管理が行われていない場合でも、システム上は連番が保持されている場合があります。ActiveDataのギャップコマンドでは、分析対象列を指定するだけで連続していないレコードを特定できます。

②重複データ

　業務処理において、2度同じデータを入力することや二重に誤った支払いをしてしまうなど、不適切な重複データが生じてしまうことがあります。また、意図的に二重にデータを処理して不正に利用される場合もあります。重複データを検出することはこうした不正や誤謬を検出するために役立ちます。重複項目の選び方によっては、正しく処理されているデータが数多く検出されてしまう場合があり、逆に不正な重複データを検出できない場合もあるため、重複項目として何を指定するかはとても大切です。

③ Same-Same-Difference 分析

　同様の分析に、Same-Same-Difference分析というものがあります。2つの項目が一致していればもう1つも一致しなければならないようなデータ

レコード間に矛盾のあるレコード

レコード間に矛盾のあるレコード　→
・連続していないレコード
・重複データ
・Same-Same-Difference分析
・対になるレコードが存在しない

があった場合に、そうなっていないレコードを抽出するものです。例えば、同じ品番の商品やサービスを同じ数量提供した場合には必ず同額の請求額となるケース、同じ相手先に毎月同額の支払いをしているケース、材料の種類とグレードが一致していれば単価が一致していなければならないといったケースで、他と異なるレコードの抽出に利用します。

④対になるレコードが存在しない

　仕訳を修正する場合に、反対仕訳を行っている場合は、取消のための反対仕訳に対応する当初の計上仕訳が存在するはずです。対にならないとしたら正しく処理されていないことになります。当初の仕訳を前期に行っている場合もあるので注意が必要です。売上伝票に対する赤伝なども同様です。決算整理仕訳のうち一部については、翌期に振り戻しの仕訳を計上するため、同じように対になる仕訳があります。

6. ActiveDataによる抽出

　ActiveData には、異常なレコードを簡単に抽出できるコマンドが複数あります。簡単な抽出条件であればシートクエリの指定値により抽出コマンドを使います。複雑な計算式や関数を用いた抽出を行う場合はシートクエリの数式により抽出コマンドを利用します。抽出したいリストが別のシートに用意されている場合には、シートクエリの参照セルにより抽出コマンドを使います。丸い数字の抽出は、上述した通り ActiveData のデジタル分析コマンドを用いて行うことができます。連続していないレコードの抽出は、Active-Data のギャップ分析コマンドを用います。対象列を指定してボタンを押すだけで、欠落番号の一覧が表示されます。重複データについては、Active-Data には重複チェックコマンドを用います。6 つの項目まで重複チェックができます。また、項目ごとに Same か Difference かを選択することができるため、Same-Same-Difference 分析も容易に行うことができます。

3-5 ファイル間の整合性

1. 概要

　企業の保有するデータは、取り引きの流れや業務処理の流れに合わせて生成、受け渡され、加工処理されていきます。企業には様々な部署があり、複数のシステムを使って業務処理を行っています。複数のシステムに様々なデータファイルが存在していますが、これらのファイルの中にはデータに関連性があるものも少なくありません。例えば、販売管理システムの売上データと財務会計システムの売上計上額、取引先マスタと売上明細の取引先などの間には、整合性が取れるのが当然だろうと思います。

　不正実行者が現実の取り引きと異なる不正な処理を行おうとする場合、本来記録されるべき種々のデータファイルの全てで整合性が取れるように、

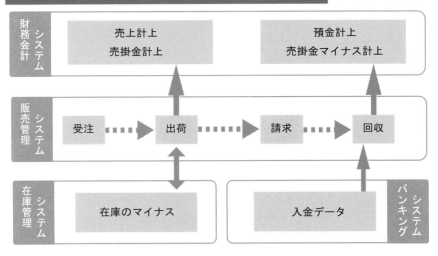

業務システムと財務会計システムの関係（例示）

データをねつ造して記録することはとても難しいことです。組織ぐるみで行った場合や取引先と共謀した場合でも、全てに整合性を取るためには、商品などを動かし、資金を決済するなどの難しい課題をクリアする必要があります。

　そのため、企業の取り引きの流れと業務処理の流れ、IT システムの概要、データの処理の流れ、保管されているデータファイル内容などを理解し、データファイル間の整合性を検証することは、監査のためのデータ分析においてとても重要な手続きです。

2.処理前後のファイル間の整合性

　処理の前後の双方のデータが記録されている場合に、それらの不整合が不正な処理を示唆する場合があります。例えば、売上明細データを改ざんした場合に、受注データと整合性が取れなくなっているかも知れません。出荷明細に架空の出荷記録を追加した場合には、在庫の出荷指示の履歴データに記録がないかも知れません。販売取引や仕入取引などは、企業内の処理が多段階に行われるため、処理前後のファイル間の整合性の検証に向いています。

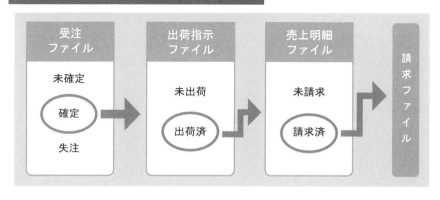

処理の前後のファイルの整合性の例

3. ファイル間の金額の整合性

　ファイル間の整合性については、同一または連携したシステムの処理の前後のファイルの整合性だけでなく、連携していないシステム間でも金額などの整合性が取れていなければならないものが存在します。販売管理システムの売上と財務会計システムの売上計上額や売上債権残高、在庫管理システムの出庫記録と販売管理システムの売上明細、バンキングシステムの支払額と財務会計システムの預金勘定などがその例です。これらの中には、様々な事情から金額の調整が行われている場合があります。他の項目で述べた通り、調整が正しく行われているかについては注意する必要があります。

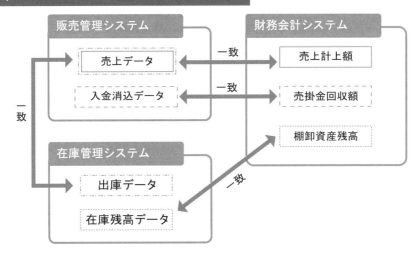

ファイル間の金額の整合性の例

4.親子レコードの整合性

　親子レコードというのは、例えば、請求データには請求金額の月次合計とその他の請求書に記載される情報のみ記録され、商品の数量、単価、金額などの明細は別のファイルに記録されて請求IDでリンクされている場合、請求書が親レコード、請求明細が子レコードとなります。請求データをねつ造した場合に、明細データが空のままとなる可能性があります。

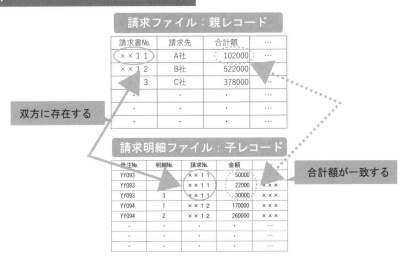

☼ 親子レコードの整合性の例

請求ファイル：親レコード

請求書No.	請求先	合計額	…
××11	A社	102000	…
××12	B社	522000	
3	C社	378000	…
.	.	.	…
.	.	.	…
.	.	.	…

双方に存在する

請求明細ファイル：子レコード

受注No.	明細No.	請求No.	金額	
YY093		××11	50000	
YY093		××11	22000	×××
YY093	3	××11	30000	×××
YY094	1	××12	170000	×××
YY094	2	××12	260000	×××
.	.	.	.	…
.	.	.	.	…

合計額が一致する

5. マスタとレコード間の整合性

マスタとは、何かの基礎となるデータを広く指す言葉ですが、ここでは、取引先マスタ、商品マスタ、従業員マスタなど、分析対象のレコードと関連性を持った基礎データを指しています。例えば、架空の取引先を用いて売上をねつ造した場合、取引先マスタと売上明細のレコードの取引先とは整合性が取れていない場合もあるでしょう。商品マスタの単価と売上明細のレコードの単価、従業員マスタと給与支給明細の従業員のデータなどもその例です。

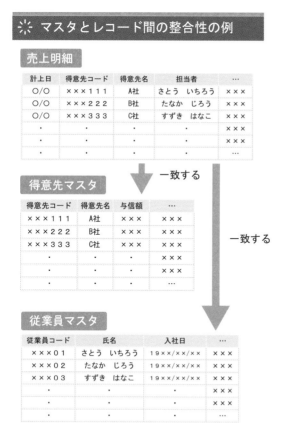

マスタとレコード間の整合性の例

売上明細

計上日	得意先コード	得意先名	担当者	…
○/○	×××111	A社	さとう　いちろう	×××
○/○	×××222	B社	たなか　じろう	×××
○/○	×××333	C社	すずき　はなこ	×××
・	・	・	・	×××
・	・	・	・	×××
・	・	・	・	…

一致する

得意先マスタ

得意先コード	得意先名	与信額	…
×××111	A社	×××	×××
×××222	B社	×××	×××
×××333	C社	×××	×××
・	・	・	×××
・	・	・	×××
・	・	・	…

一致する

従業員マスタ

従業員コード	氏名	入社日	…
×××01	さとう　いちろう	19××/××/××	×××
×××02	たなか　じろう	19××/××/××	×××
×××03	すずき　はなこ	19××/××/××	×××
・	・	・	×××
・	・	・	×××
・	・	・	…

6. 複数ファイル間の一致

　データファイルの中には、他のファイルのレコードと一致してはいけない
ものがあります。例えば、取引先や仕入先の住所や銀行口座が、役員や従業
員の住所や銀行口座と一致すると、そこには架空売上や着服などのリスクが
存在します。売上先と仕入先の間でも、例外はあるものの、同様に一致した
場合にはリスクがあると考えられます。

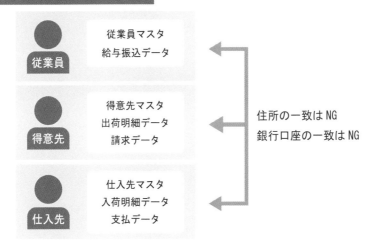

7. ActiveDataによる検証

　ActiveData には、シートの比較コマンドが用意されています。これを用
いることで複数のファイルの整合性を検証することができます。

3-6 その他の分析技法

1. 概要

　その他の分析技法には、年齢調べ、再計算及び再実施、相手勘定分析などがあります。いずれも主要なデータ分析技法の一つです。

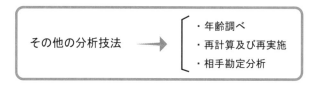

2. 年齢調べ

　売掛金は回収が滞った場合は貸し倒れによる損害が発生します。また、在庫が長期に滞留して売却できなくなると損害が発生します。いずれも企業にとって重要な資産であり、滞留状況を把握し、管理することはとても大切です。企業は、滞留状況を把握するために、発生または購入時から期末日までの日数を調べて集計した年齢調べ表を作成します。このように滞留の全体的な状況を把握すると同時に、一定の期間を超えて滞留している債権についてはリストを作成し、催告、取引停止、債権の保全などの必要な対応を行うことになります。滞留在庫についても同様にリスト化して、購入計画の見直しや在庫処分方法の検討などを行うことになります。

　また、売上債権や在庫は財務会計のルールに従って適切に評価しなければならないため、滞留売掛金や滞留在庫は重要な監査項目となっています。滞

留売掛金や滞留在庫について監査上のリスクが高い場合には、外部監査人は年齢調べ表が適切に作成されているかを検証することが求められます。年齢調べ表の検証の方法には、集計された項目を個別に検証する方法もありますが、売上債権の明細データなどから監査人自ら再作成して一致を確かめる方法もあります。

　ActiveData には年齢調べコマンドがあり、基準日と区分ごとの経過期間を指定するだけで簡単に年齢調べ表の再作成を行うことができます。

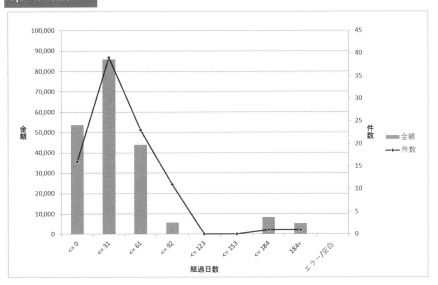

3. 再計算及び再実施

　業務処理システムの 2 つのデータファイルの整合性を検証する場合、1 対 1 で対応する単純なケースだけではありません。インプットデータのファイルとアウトプットデータのファイルの間に、分類や集計といった比較的簡単な処理から、複雑で高度な計算処理が行われる場合もあります。一定の処理を経る前後のデータの整合性の検証を行う方法としては、合計数値や件数な

どの整合性のみを検証する方法と、業務処理システムと同様の計算や処理を実施して処理結果のデータの一致を確かめる方法があります。後者の方法が、再計算や再実施と言われる方法です。

　再計算及び再実施には、単純な再集計、単価に数量を乗じた取引金額の検証、貸倒引当金の実績率の再計算や引当残高の再計算、前項の年齢調べ表の再作成なども含まれます。

　こうした再計算及び再実施は、電卓やエクセルで簡単に行えるものから、プログラムを組んで行わなければならないものまで、実施の難易度には幅があります。財務不正の検証においては、前提条件、計算ロジック、基礎率などの適正性にも注意を払う必要があります。

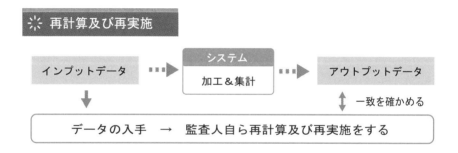

4.相手勘定分析

　財務管理システムにひとたび記録された企業取引のデータは、その後は複式簿記の原理に従うことになります。すなわち、売上取引は借方に売掛金、貸方に売り上げとして仕訳され、代金回収時には借方に預金、貸方に売掛金として仕訳されます。架空の売り上げを計上した場合、借方に計上された架空の売掛金を、将来何らかの方法で消去しなければなりません。例えば、倒産した仕入先の債務と架空の売掛金を相殺すれば、貸方処理した売掛金の相手勘定は買掛金となります。また、貸付金に振り替えた場合には、相手勘定は貸付金となります。

　重要かつリスクの高い勘定科目の借方計上または貸方計上の仕訳を相手

勘定別に集計して、相手勘定に通例でない科目が使用されていないかを検討するのが相手勘定分析です。相手勘定分析は、異常な仕訳を検出する手段として最も基本的なデータ分析手法として位置づけられます。

　相手勘定の集計は、仕訳データについて借方または貸方の勘定科目を固定して相手勘定別に集計するだけですので、Excel のピボットテーブルの機能を用いても、ActiveData の集約／ピボットコマンドを用いても簡単に行うことができます。

☼ 売上高の計上における相手勘定分析

売上高の貸方計上の相手勘定は「売掛金」

入金処理の訂正などは「預金」

その他の勘定の場合は合理性を確かめる

サンプリング

1. 概要

　企業の保有する膨大なデータのそれぞれのレコードを詳細に検証することは不可能です。特定のレコードを検証するケースとしては、データ分析などの手続きを通じて異常な、または特別なレコードとして検出したレコードを検証する場合と、サンプリングによって抽出したレコードを検証する場合があります。

　サンプリングには、監査人による経験的試査と統計的サンプリングの方法があります。統計的サンプリングの代表的な方法として、ランダムサンプリング、階層化サンプリング、金額単位サンプリングの 3 つを紹介していきます。

2. ランダムサンプリング

　データの全体の中から任意のレコードを抽出することをランダムサンプリングと呼びます。無作為抽出とも言います。データが非常に多いとき、その全ての中身を調査するのは時間と労力がかかり事実上不可能です。その場合に、一定の仮定を置いてサンプル数を定め、サンプルを調査して、統計理論に基づいて全体を推測する方法が取られます。そのサンプルを選ぶ手法としてランダムサンプリングが用いられます。アンケート調査などは良い例です。

　弊法人では、外部監査においてランダムサンプリングを内部統制の運用状況の検証に用います。内部統制の運用状況の検証では、ランダムに抽出したサンプルが全て問題なければ、母集団全体においても内部統制上の問題が生

じている可能性は一定の割合以下であろうと推定して、内部統制上の問題はないと結論付けます。多くの監査法人では、予想逸脱率を 0%、許容逸脱率を 9%、ベータリスクを 10%として算定して、データが非常に大きい場合のサンプルサイズを 25 件として行っています。

　また、残高の検証においても、部分的にランダムサンプリングを用いて監査を行っています。具体的には、重要性の基準値、固有リスク及び統制リスクに基づいてサンプリング基準値とサンプル数を決定します。そして、サンプリング基準値以上の残高については重要なレコードとして全件検証を行い、サンプル基準値以下のレコードに対して残余のサンプル数だけランダムサンプリングを用いて抽出して検証を行います。これには、金額的重要性が高いレコードのみ監査を実施することが経営者に予測されて、監査が無効化されてしまうことを防ぐ目的があります。

　監査人の経験と判断により特定のレコードを抽出する方法を経験的試査と言います。経験的試査に比べて、ランダムサンプリングの方が偏りがなく客観性に優れているためより良い手法と言われていますが、実際には検討すべき余地があります。適用すべき場面が違うのです。ランダムサンプリングは、内部統制の運用状況の検証や残高監査における残余の検証に利用する価値はありますが、たいていの場合は不正リスクに対応できません。例えば、数十万件の売上データの中に 100 件ほどの不正なデータが混入していた場合に、ランダムサンプリングで 25 件程度を選んだとしても、不正なデータが選ばれる確率は非常に低いです。サンプル数をその数十倍に拡大しても不正なデータに当たる確率は低い水準にとどまります。ランダムサンプリングは、サンプリングされたレコードが母集団を代表する性質を持つ場合に初め

☀ ランダムサンプリングのイメージ

母集団
・同質なデータの集まり
・大量なため調査不能

→ 任意に抽出

サンプル
・母集団を代表していると考える
・少数のため調査可能

て有効に機能するものだからです。

　ActiveDataにはランダムサンプリングのコマンドがあり、簡単に行うことができます。サンプル数については、直接件数を指定することができるだけでなく、予想逸脱率、許容逸脱率、ベータリスクを入力して計算することも可能です。レコード件数やランダムシードは自動的に設定されますので、サンプル件数を指定するだけでランダムサンプリングを実行できます。

3.階層化サンプリング

　階層化サンプリングとは、ヒストグラムと同様に数値を一定の間隔（階級）で区切り、その階級ごとにサンプル数を決めてランダムサンプリングを行う方法です。金額の重要性の高いレコードを重点的にサンプリングすることができ、全体の金額に対しての重要性を考慮しながらサンプリングすることが可能となります。また、特定の階級の件数が突出するなど、ヒストグラムに異常な傾向が見られた場合には、その階級を重点的にサンプルすることが監査の効率化につながることもあるでしょう。

　弊法人では、上述した通り、残高の検証においてサンプリング基準値以上のレコードに対して全件検証を行い、サンプル基準値以下のレコードに対して残余のサンプル数だけランダムサンプリングを用いて抽出して検証を行う方法を取っています。これも階層化サンプリングの方法の一つと言えます。

　ActiveDataには、階層化コマンドの中にサンプリング機能があります。階層化ダイアログボックスの中で階層化まで終わっていれば、階層ごとにサンプル数を指定するだけで、階層化サンプリングを行うことができます。

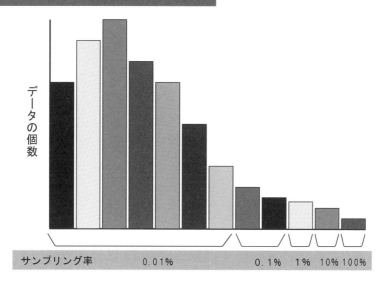

階層化サンプリングのイメージ

データの個数

サンプリング率　　　0.01%　　　0.1%　1%　10%　100%

4.金額単位サンプリング

　金額単位サンプリングとは、サンプリングする際に全てのレコードを等しく扱わず、金額1単位を等しく扱ってサンプリングする方法です。金額の大きいレコードがサンプリングされる確率が高まるため、金額的重要性が加味されたサンプリングとなります。不正会計の多くは少ない件数で多額の不正を行っているため、金額的重要性が加味される金額単位サンプリングは効率的な方法と考えられています。

　また、金額単位サンプリングは、監査によって判明したエラーの金額に基づいて、母集団全体の差異の金額を統計的に推計することができます。監査においては、エラーが発見された場合の全体への影響を金額面で推計できるため、勘定残高のエラーの推計を通して財務諸表への影響額を検討するのに役立てることができます。

☀ 金額単位サンプリングのイメージ

A〜Nまでのレコードを金額＝面積で表している

A	B	C	D	E	F	G	H	I	J	K	L	M	N

面積当たりの抽出される確率を同じにする

効果	サンプルを調査した結果を評価することで母集団のエラー金額を見積もることができる

　ActiveData には、金額単位サンプリングのコマンドがあります。サンプリング期間は入力することも可能ですが、ランダムサンプリングと同様に計算により求めることもできます。また、監査結果の評価機能も装備しています。

第4章 財務データ分析の実践

4-1 事前処理

1. はじめに

　第 4 章では、サンプルデータを用いて財務データ分析の具体的手順を解説していきます。財務データ分析の最も基本となる最初の段階としては、財務諸表や試算表を用いて行う前期比較や月次推移比較があります。売上債権や在庫などの回転期間分析などもそうです。しかしながら、これらは第 3 章の分析の技術を読めば簡単に作成できると思われるため、第 4 章の実践では解説を省いています。また、第 4 章で解説する分析手順は限られたものであり、網羅的でなく、不正の手口や分析技法も偏りがあることをご了承ください。

　ツールとしては、Excel と ActiveData を使用しています。ActiveData は以下のサイトから入手できます。

　詳細は、本書の第 1 章、巻末及びホームページをご参照ください。Active-Data は Microsoft® Excel® のアドインソフトです。インストールすると Excel のリボンに追加され、メニューバーからコマンドを選択するだけで利用できるようになります。

　ActiveData の入手サイト　http://fraud.co.jp/

　以下の解説では、わかりやすいように操作画面や分析後データの画面も細かく挿入していますので、見ているだけでも具体的な手順が理解できるようにしていますが、解説に合わせて実際にパソコンを操作して財務データ分析を実践すると、より効率的に習得できると思います。その際に使用するデータは、皆さんが分析したいデータで実践してもらえればと思いますが、手元に適当な分析対象データがない場合は、本書で使用したサンプルデータを以下の URL で公開していますのでご利用ください。

> サンプルデータ入手サイト
> URL　http://fraud.co.jp/sample_data/book1/index.html
> ID　CAAT_Text2020_1
> パスワード　r2wtv7Re

　ActiveData を含め、多くの CAAT ツールには、データベースから直接データを取得する機能が備わっていますが、本書では、財務会計システムや業務管理システムから、既にデータをダウンロードしていることを前提に解説します。その理由は 3 つあります。

　1 つ目は、多くのシステムにはメニューの中にデータをダウンロードする機能が備わっているため、またデータの入手のために直接データベースと接続しなければならない状況が、現実的には少ないためです。

　2 つ目は、セキュリティの問題があります。データベースに直接接続するには、通常はシステム管理者と同等の権限が必要とされますが、そのような ID の発行はできるだけ限定されているべきです。

　3 つ目は、本書が内部監査人や外部監査人などの財務データ分析の担当者を念頭に置いているためです。CAAT ツールにはデータベースと接続するためのメニューがあり、比較的簡単に接続できるとはいえ、トラブルに対応するためにもデータベースに関する知識が必須だと思います。

　財務データ分析は、高度な IT の知識は不要です。監査の知識さえあれば、財務データ分析は難しくありません。ぜひ、本書で財務データ分析を身に付けてください。

2.データの入手

　財務データ分析を行うには、まず、分析対象とするデータを入手する必要があります。どのようなデータを入手すべきかについては、不正リスクや監査リスクなどを踏まえ、不正の手口を想定して、事前に十分な検討をして、詳細に対象ファイル、項目、範囲を定めて入手する方法もある一方、売り上

げなら、受注、出荷、売上計上といったキーとなる定番の処理データをまず取得して分析を開始するという方法もあります。財務データ分析は、あらかじめ想定した通りに必ずうまくいくとは限りません。むしろ、様々な分析手法を試みて、ようやく目的が達成できることが多いと思います。分析のスタート時点では、定番の処理データを入手して、その後は必要に応じて追加データを入手していく方が現実的なのではないでしょうか。

　データを入手する際は、あらかじめ対象範囲を明確にして、対象データの合計件数や金額を把握してデータを出力する必要があります。これは入手データが意図したものであるか、入手後に確かめるためです。データの形式は、Excelで利用しやすいCSV形式が望ましいのですが、テキストデータでもExcelにはデータの取り込み機能がありますので、通常は問題ありません。

　Excelによるテキストデータの取り込み方法を説明します。

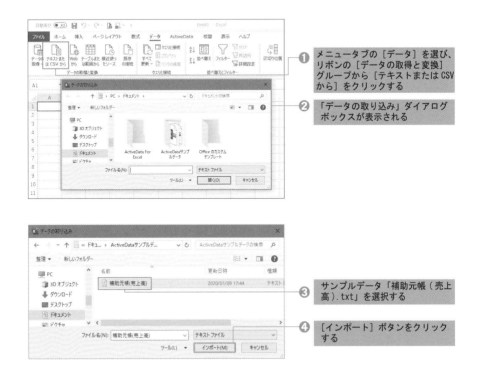

❶ メニュータブの［データ］を選び、リボンの［データの取得と変換］グループから［テキストまたはCSVから］をクリックする

❷ 「データの取り込み」ダイアログボックスが表示される

❸ サンプルデータ「補助元帳（売上高）.txt」を選択する

❹ ［インポート］ボタンをクリックする

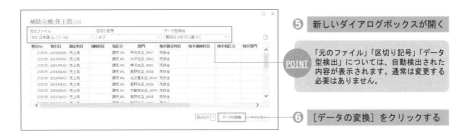

⑤ 新しいダイアログボックスが開く

POINT 「元のファイル」「区切り記号」「データ型検出」については、自動検出された内容が表示されます。通常は変更する必要はありません。

⑥ [データの変換] をクリックする

⑦ 「Power Query エディター」が開く

⑧ 変換が正しく行われているかを確かめて、問題がなければ [閉じて読み込む] をクリックする

⑨ データの取り込みが完了する

3. 入手データの確認

　データを入手したら、確認作業を 2 段階に分けて行います。まず、データに含まれる項目の属性、レコード件数を把握して目的としたデータが入手できているかを確認します。また、データクリーニングが必要な項目はないか、異常なレコードが含まれていないかなども併せて検討していきます。

　ActiveData には項目属性を一覧できる便利な機能がありますので、項目の属性の確認と検討については ActiveData を使いたいと思います。それでは、具体的な手順を見ていきましょう。

❶ サンプルデータ「売上明細.xlsx」の「ソフトウェア開発」シートを開く

❷ [ActiveData] タブを選択する

❸ リボンの「ActiveData ワークシートコマンド」グループから [列] を選択し、表示されたプルダウンから [列の属性] をクリックする

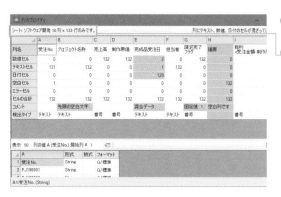

❹ 「列のプロパティ」ダイアログボックスが開く

❺ 「シート名、列数、行数」が表示される

> **POINT**
> あらかじめ対象とするデータのレコード数がわかっている場合は、ここに表示された行数と確認してください。

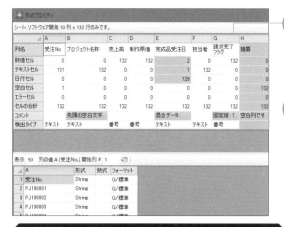

> **POINT**
> 画面の上半分には、列ごとに格納されている値の属性が表示されています。これを見ると、格納されている値が数値データか、テキストデータか、日付データかがわかります。

> **POINT**
> ### エラーを確認する
> 空白セルは、値が格納されていないレコード数を示し、エラーは、計算式などでエラーがあるレコード数を示します。
> 内容が数値や日付であるにもかかわらず、テキストデータとなっている項目がないかチェックしてください。あれば、分析を実行する前に、値の変換をする必要があります。
> 一部に空白セルが混在している場合は、それが異常を示すかどうか検討してください。
> 列数が多いときは、中央に左右スクロールバーがありますので利用してください。

MEMO

「列のプロパティ」ダイアログボックス内の任意の列をクリックすると、データシートのカーソルも該当する列に飛びますので、値を確認するのに便利です。

> **POINT**
> 「コメント」に記載がある場合は注意してください。
> 「混合データ」と表示されている場合は、複数のデータ形式の値が同じ列に混在しています。
> 「固定値」と表示されている場合は、その項目の全ての値がコメント欄に記載されている値と同一であることを示します。
> また、空白文字が先頭にある場合にもコメントが付されます。値が正しく入力されていない可能性があります。

MEMO

同じ列に複数の属性が混在している場合や「コメント」欄に記載されている内容を具体的に見たいときには、右の上下スクロールバーを利用してレコードを探しダイアログボックスの画面内をクリックすると、データシートのカーソルも該当するレコードに飛んで確認することができます。

POINT 列数が多い場合

先に不要な列を削除することでこの後の分析を効率的に実施することが可能となります。列の全ての値が空白の場合や「コメント」に「固定値」と記載されている場合には、不要な列である可能性が高いため、削除を検討してください。ダイアログボックス内の列をクリックしてデータシートの値を確認しながら、そのほかに内容面で削除できる列がないか検討すると良いでしょう。

　データを入手した際のもう 1 つの確認作業は、対象データの範囲と合計を確かめることです。これについては、ActiveData の階層化コマンドを利用すると簡単に確認できます。

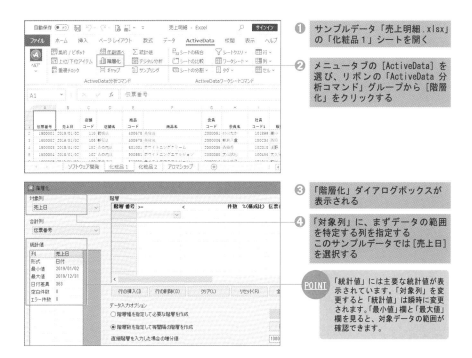

❶ サンプルデータ「売上明細.xlsx」の「化粧品1」シートを開く

❷ メニュータブの [ActiveData] を選び、リボンの「ActiveData 分析コマンド」グループから [階層化] をクリックする

❸ 「階層化」ダイアログボックスが表示される

❹ 「対象列」に、まずデータの範囲を特定する列を指定する
このサンプルデータでは [売上日] を選択する

POINT 「統計値」には主要な統計値が表示されています。「対象列」を変更すると「統計値」は瞬時に変更されます。「最小値」欄と「最大値」欄を見ると、対象データの範囲が確認できます。

⑤ 次に、「対象列」に［金額］を選択する

⑥ 対象データの合計は「統計値」の「合計値」欄で確認できる

MEMO

「階層化」ダイアログボックスの他の項目については、後ほど解説していきます。

4.データクリーニング

　入手データに含まれる値が適切なデータ形式でない場合、分析ができないことがあります。例えば、日付や数値がテキストデータとして保存されているとき、複数にわたる伝票データの1行目にしか伝票番号が付されていないとき、「摘要欄」のテキストデータの一部に分析に必要な情報が格納されているときなどは、そのまま分析することは困難です。印刷では表示されない文字が混入して、上手く分析ができない場合には、その文字を削除する必要があります。

　また、初期の段階でデータの加工を行った方が、効率的な分析を行える場合があります。分析に不要な列を削除しておくこともこれに当たります。日付データが「年」「月」「日」の3つの列に分けて保管されているときには、結合して日付データとしておくことで、その後の時系列分析などが楽になります。テキストデータの形式が入力者によって、半角や全角、スペースの有無など相違がある場合には、統一しておくと分析が効率化します。

　空白で姓と名を分けている場合に、スペースが誤って2つ入力されているとデータ加工で困る場合があります。その場合には、複数のスペースを1つに統合しておくとよいでしょう。コードを意味のわかる名称に一部置き換えておくと、分析過程で意味がつかみやすくなります。売上債権の分析において、売上債権残高のデータに、事前に得意先マスタの与信残高を連結させておいて分析をするなど、事前に関連データを連結させて分析する場合もあります。

　見てきたようにデータクリーニングの内容は様々です。その内容ごとに異なる手法を用いることになります。以下、【セルの変換】【セルの結合】【列の削除】【列の分割】【シートの結合】の順に ActiveData を用いて解説していきます。

【セルの変換】

テキスト形式で保管されている日付を、日付データに変換してみましょう。

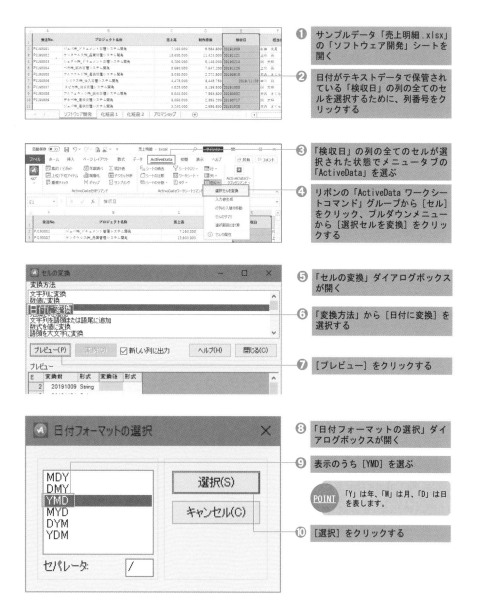

❶ サンプルデータ「売上明細.xlsx」の「ソフトウェア開発」シートを開く

❷ 日付がテキストデータで保管されている「検収日」の列の全てのセルを選択するために、列番号をクリックする

❸ 「検収日」の列の全てのセルが選択された状態でメニュータブの「ActiveData」を選ぶ

❹ リボンの「ActiveData ワークシートコマンド」グループから［セル］をクリック、プルダウンメニューから［選択セルを変換］をクリックする

❺ 「セルの変換」ダイアログボックスが開く

❻ 「変換方法」から［日付に変換］を選択する

❼ ［プレビュー］をクリックする

❽ 「日付フォーマットの選択」ダイアログボックスが開く

❾ 表示のうち［YMD］を選ぶ

POINT 「Y」は年、「M」は月、「D」は日を表します。

❿ ［選択］をクリックする

⑪「選択セルを変換」ダイアログボックスの下側のプレビュー画面に、変換前と変換後の値とデータ形式が表示された

⑫ 変換前の値を変換後の値に置き換えたい場合は、中央にある「新しい列に出力」のチェックボックスのチェックを外す

⑬［変換］をクリックすると、テキストから日付データへの変換が完了する

　この【セルの変換】コマンドでは、この他に以下のデータクリーニングができます。

・テキストを数値に変換する
・大文字を小文字に、小文字を大文字に変換する
・先頭や末尾の空白を削除する
・連続した空白を1文字分にする
・印刷できない文字を削除する
・数字を削除、数字以外を削除、英字を削除、英字以外を削除する

【セルの結合】

「年」「月」「日」の3つの列に分かれている日付を結合して、日付データに変換してみましょう。

❶ サンプルデータ「売上明細.xlsx」の「化粧品2」シートを開く

❷ メニュータブの「ActiveData」を選び、リボンの「ActiveData ワークシートコマンド」グループから[列]をクリック、表示されたプルダウンメニューから[列の結合]をクリックする

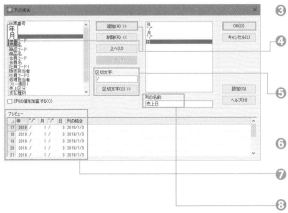

❸ 「列の結合」ダイアログボックスが開く

❹ 左上の窓に表示された列の項目から[年]を選択し、[追加]をクリックすると、右上の窓の中に追加される

❺ 中央の「区切文字」の空欄に[/]（半角スラッシュ）を入力し、[区切文字(S)>>]をクリックすると、右上の窓の2行目に追加される

❻ ❹❺と同様にし、「月」「/」「日」と追加していく

❼ 下部のプレビュー画面に結合後の値が表示される

❽ 「列の名前」に適当な名称を付け、[OK]をクリックする

❾ 結合された列がワークシートの右に追加されます

POINT データ形式が Excel で自動判別され日付データになっていない場合は、「セルの変換」コマンドより日付形式に変換してください。

【列の削除】

分析に不要な列を削除してみましょう。

❶ サンプルデータ「売上明細.xlsx」の「化粧品1」シートを開く

❷ メニュータブの「ActiveData」を選択し、「ActiveData ワークシートコマンド」グループから[列]をクリック、表示されたプルダウンメニューから[列の操作]をクリックする

❸ 「列の操作」ダイアログボックスが表示される

❹ 左上の窓から不要な列を選択し、下部にあるボタンの中の[削除]をクリックする

❺ 確認画面が表示されるので、[OK]をクリックすると、選択した列が削除される

【列の分割】

1つのコードが複数の要素で組み合わされている場合、テキストデータの一部を取り出したい場合などは分割して分析しやすいように事前に加工を行います。

❶ サンプルデータ「売上明細.xlsx」の「アロマショップ」シートを開く

POINT
「商品名」は、ブランド、商品区分、容量で構成されています。ブランド別、商品区分別、容量別で分析できるように、それぞれを別の列に分割しましょう。

❷ メニュータブの [ActiveData] を選び、リボンの「ActiveData ワークシートコマンド」グループから [列] をクリック、プルダウンメニューから [列の分割] をクリックする

❸ 「列の分割」ダイアログボックスが表示される

❹ 「分割する列」の [商品名] にチェックを入れる

❺ この列の値はスペースで区切られているので、画面中央の「文字形式列」の [区切文字で分割] にチェックを入れ、「区切文字1」は右側のプルダウンから [Space] を選択する

❻ [OK] をクリックする

❼ 「ブランド」「商品区分」「容量」の3つの列が作成された

【シートの結合】

売上債権残高のデータに、得意先マスタの与信残高のデータを連結させてみましょう。

❶ サンプルデータ「売上債権残高.xlsx」と「得意先マスタ.xlsx」の両方のファイルを開き、「売上債権残高.xlsx」をアクティブな状態にする

❷ メニュータブの「ActiveData」を選び、リボンの「ActiveData ワークシートコマンド」グループから [シートの結合] をクリックする

❸ 「結合先シートの選択」ダイアログボックスが表示される

> **POINT** ダイアログボックス上部には、今開いている「元シート」の名称が表示されています。

❹ 結合先のシートを窓の中から選び、[選択] をクリックする

❺ 「シートの結合」ダイアログボックスが表示される

❻ 「シートを結合するグループ列」の1行目「グループ列」で [得意先コード] を選択する

❼ 「シート1から表示する列」の枠の下にある [すべてをチェック] をクリックし、全てのチェックボックスが選択される状態にする

❽ 「シート2から表示する列」で [与信残高] にチェックを入れる

❾ シート2がマスタ側なので、「結合オプション」として [シート1とシート2の両方に存在するデータ] と [シート1に存在し、シート2に存在しないデータ] にチェックをする

❿ [OK] をクリックする

⓫ 「結合＞売上債権残高」シートに与信残高が記載された

仕訳分析

1.監査業務における仕訳テスト

　経営者は、有効に運用されている内部統制を無効化することによって、会計記録を改ざんし、財務諸表を作成することができる特別な立場にあります。リスクに対応するための手続きとして、仕訳テストは重要であるとされています。

　会計ソフトへの仕訳の入力や修正のプロセスにも、企業が定めた内部統制のルールがあります。プロセスを理解し、以下に例示するルールが定められているか確かめる必要があります。内部統制に不備があれば、場合によっては整備するように提案することも大切です。仕訳入力に関する内部統制を例示すると以下の通りです。

・仕訳の入力権限者と承認権限者が分けられている。
・一人一人に会計ソフトのログイン ID が付与され、推測されにくいパスワードが設定されている。
・会計ソフトの権限は職務権限に応じて設定されている。
・仕訳の連番管理のルールが定められているか、または、システム上管理されている。
・仕訳入力、修正、削除などについて、実施者とタイムスタンプが会計ソフトに記録されている。
・月次締めのルールが定められており、締め後に仕訳の入力、修正、削除などが出来ないようにロックが掛けられている。

　仕訳の処理は、会計ソフトや企業のルールによって異なります。1 つの取り引きについての仕訳の借方と貸方が 1 対多または多対多となる仕訳については、そのまま複合仕訳として計上する方法、1 行仕訳に分解して入力する方法、相手勘定に諸口を用いる方法などがあります。仕訳の方法や財務会

計システムから出力されるデータの構成に応じて、事前にデータ形式を整える、あるいは処理に一工夫するなどの必要があります。例えば、相手勘定分析の場合には、対象科目が含まれる伝票番号を抽出した後、その伝票番号の相手勘定科目を集計するといった2段階の処理を行います。

2. 仕訳の網羅性検証

　不正による重要な虚偽表示などは会計期間を通じて起こり得るため、仕訳テストの範囲の限定を合理的に説明することは、実質的に困難と考えられます。そのため、監査対象期間の全期間の母集団として仕訳テストを実施することが原則的な対応と思われます。

　入手した仕訳データが改ざんされ、不都合なデータが取り除かれている場合は、仕訳テストを実施したとしても実効性はありません。仕訳テストを実施する前提として、監査人は仕訳データの網羅性を検証しなければなりません。全期間の全ての仕訳を勘定科目別に集計したものは、財務諸表作成のもとになった試算表と一致することになります。

　仕訳を勘定科目別に集計することは、Excelのピボット機能を用いれば簡単にできますが、ここでは同様の方法をActiveDataでやってみます。

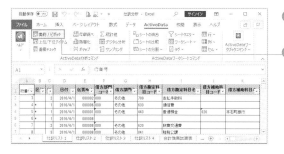

❶ サンプルデータ「仕訳分析.xlsx」の「仕訳リスト1」シートを開く

❷ メニュータブの「ActiveData」を選択し、「ActiveData 分析コマンド」グループから[集約/ピボット]をクリックする

❸ 「集約 / ピボット」ダイアログボックスが表示される

❹ <借方を集計する>
「分析対象列」の「グループ列」に［借方勘定科目コード］を、「列の追加」に［借方勘定科目名］を選択する

❺ 「集計対象列」の［借方金額］にチェックを入れる

❻ ［OK］をクリックする

❼ 借方勘定科目ごとに借方金額を集計したシートが作成される

❽ 作成されたシートの名前は「借方」に変更する

❾ 貸方も同様に集計し、作成されたシートの名前は「貸方」に変更する

❿ <シートを結合する>
まず、結合のキーとなる列の名称を統一する

「借方」シートの「借方勘定科目コード」を「勘定科目コード」に、同様に「貸方」シートの「貸方勘定科目コード」を「勘定科目コード」に変更する

⓫ 「合計残高試算表」シートを開く

⓬ メニュータブの「ActiveData」を選び、リボンの「ActiveData ワークシートコマンド」グループから［シートの結合］をクリックする

⑬ 「結合先シートの選択」ダイアログボックスが表示される

⑭ 「借方」シートをハイライトさせて［選択］をクリックする

⑮ 「シートの結合」ダイアログボックスが表示される

⑯ 「シートを結合するグループ列」の1行目「グループ列」で［勘定科目コード］を選択する

⑰ 「シート1から表示する列」では、枠の下の［すべてをチェック］をクリックし、すべてにチェックを入れる

⑱ 「シート2から表示する列」では［借方勘定科目名］と［借方金額.合計］をチェックする

⑲ 「結合オプション」では4つ全てにチェックを入れる

⑳ ［OK］をクリックする

㉑ 「貸方」シートも同様に「合計残高試算表」シートと「貸方」シートを結合させる

㉒ ＜仕訳合計と合計残高試算表に差異がないことを確かめる＞
「ActiveData ワークシートコマンド」グループから［列］をクリック、プルダウンメニューから［数式列を追加］をクリックする

㉓ 「数式列を追加」ダイアログボックスが表示される

㉔ 「新しい列の値」の［数式］を選択する

㉕ 空欄の右側のボタンをクリックする

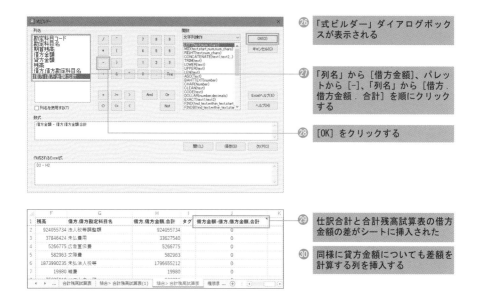

㉖ 「式ビルダー」ダイアログボックスが表示される

㉗ 「列名」から［借方金額］、パレットから［-］、「列名」から［借方.借方金額．合計］を順にクリックする

㉘ ［OK］をクリックする

㉙ 仕訳合計と合計残高試算表の借方金額の差がシートに挿入された

㉚ 同様に貸方金額についても差額を計算する列を挿入する

3.入力権限者以外の者が入力した仕訳を抽出する。

　内部けん制の観点から、仕訳の入力担当者は限定されていることが望ましいとされています。管理者などが財務不正を企図した場合には、ルールを逸脱して、自ら入力し、あるいは本来の担当者以外の親密な部下に入力を依頼することが考えられます。そのため、入力権限者以外の者が入力した仕訳がある場合には、不正なデータでないか検討する必要があります。

　それでは、具体的手順を見ていきましょう。

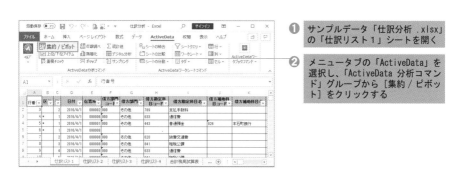

❶ サンプルデータ「仕訳分析．xlsx」の「仕訳リスト1」シートを開く

❷ メニュータブの「ActiveData」を選択し、「ActiveData 分析コマンド」グループから［集約／ピボット］をクリックする

③ 「集約／ピボット」ダイアログボックスが表示される

④ 「分析対象列」の「グループ列」に［新規登録者名］を選択する

⑤ 「集計対象列」の［借方金額］にチェックを入れる

⑥ ［OK］をクリックする

⑦ 「入力権限者リスト」シートと突合して、入力権限者以外の者が入力していないことを確かめる

POINT 仮に入力権限者以外の者が入力している場合は、集計された「件数」をクリックするとドリルダウンを行うことができます。

POINT 同様の方法で、「権限者以外の者が行った仕訳の修正または削除を抽出する」「承認が行われていない仕訳を抽出する」「承認者でない者が承認している仕訳を抽出する」などの手続きを実施することも可能です。

4.相手勘定科目が通例でない仕訳を抽出する

　例えば、売掛金の回収取引であれば、相手勘定は通常は現預金か受取手形になります。粉飾事案では、翌期に反対仕訳で売上と売掛金を取り消す処理や、貸付金に振替えて消去する処理がされているケースがあります。比較的リスクの高い、売上、仕入、売掛金、買掛金、貸付金、借入金、その他の投資勘定などについて、仕訳の相手勘定科目を分析して、異常がないかを確かめることは不正リスクに対する有効な手続きだと思われます。この手続きを実施する場合は、効率的かつ効果的な監査実施の観点から、企業の事業環境や勘定残高の増減の分析結果を踏まえて、勘定科目を絞り込んで実施することが良いと思います。

　ここでは、売掛金の回収取引の相手勘定に異常な科目がないか調べます。

❶ サンプルデータ「仕訳分析 .xlsx」の「仕訳リスト2」シートを開く

❷ メニュータブの「ActiveData」を選択し、リボンの「ActiveData ワークシートコマンド」グループから [シートクエリ] をクリック、プルダウンメニューから [指定値により抽出] をクリックする

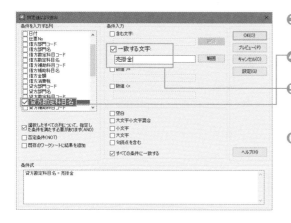

❸ 「指定値により抽出」ダイアログボックスが表示される

❹ 「条件を入力する列」で [貸方勘定科目名] を選択する

❺ 「条件入力」の [一致する文字] にチェックを入れ、[売掛金] を入力する

❻ [OK] をクリックする

❼ 貸方が売掛金の科目が抽出されたシートが作成された

❽ 作成された「抽出>仕訳リスト2」シート上で、「ActiveData」タブメニューリボンの「ActiveData 分析コマンド」グループから [集約/ピボット] をクリックする

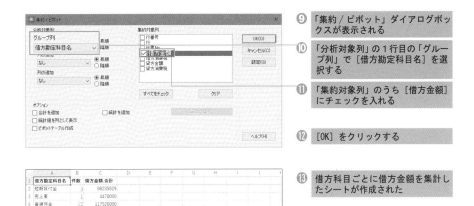

⑨ 「集約／ピボット」ダイアログボックスが表示される

⑩ 「分析対象列」の１行目の「グループ列」で［借方勘定科目名］を選択する

⑪ 「集約対象列」のうち［借方金額］にチェックを入れる

⑫ ［OK］をクリックする

⑬ 借方科目ごとに借方金額を集計したシートが作成された

　売掛金の回収取引として、借方科目が適切なもののみであるか検討します。仮に、異常な項目があった場合は、ドリルダウンを実施して、追加手続きを実施します。

5.取引日と入力日が一定期間を超えている仕訳を抽出する

　月次締めのルールが定められており、締め後に仕訳の仕訳入力、修正、削除などができないようにロックが掛けられるようにすることは、ミスによる仕訳データの誤修正を防ぐとともに、不正な改ざんの防止に役立ちます。期末近くに粉飾を企図した場合に、発覚しづらいように、過去の月に分散して不正にデータを改ざんすることが行われる場合があります。取引日と修正履歴の日付が一定期間を超えている仕訳を抽出すると、このような不正な仕訳データの改ざんを発見できる場合があります。

　月次決算を遅くとも翌月20日に行い、締め後の修正は翌月以降の日付で反対仕訳を行うルールの企業であると仮定し、ルールを逸脱した仕訳を検出してみましょう。

① サンプルデータ「仕訳分析.xlsx」の「仕訳リスト3」シートを開く

② メニュータブの「ActiveData」を選択し、リボンの「ActiveData ワークシートコマンド」グループから [シートクエリ] をクリック、プルダウンメニューから [数式により抽出] をクリックする

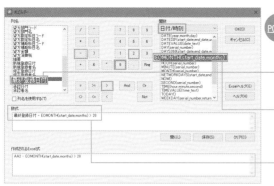

POINT 以下の作業は中段にある「数式」窓に関数が表示されますので、参照しながら行ってください。
パレットを使わずキーボードで入力することもできます。

③ 「列名」から [最終登録日付] をクリック、次に中央のパレットから [-] をクリックする

④ 「関数」のプルダウンから [日付／時刻] を選択し、表示された関数の中から [EOMONTH] 関数をクリックする

⑤ 「数式」窓で、カーソルを EOMONTH 関数の後（最後尾）へ移動させる

⑥ 中央のパレットから [>] [20] の順にクリックする

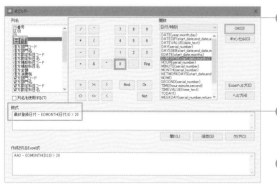

⑦ ＜「数式」窓に表示された EOMONTH 関数の因数を変更する＞
1つ目の因数である [start_date] の部分をクリックしてハイライトさせてから、「列名」の [日付] をクリックする

⑧ 同様に2つ目の因数である [months] の部分をクリックしてハイライトさせてから、パレットから [0] と入力する

⑨ [OK] をクリックする

⑩ 最終登録日付が伝票日付の翌月20日より後の仕訳が抽出されたシートが作成された

6.丸い数字の仕訳を抽出する

　融資、借入、増資などの特定の種類の仕訳は、丸い数字（ゼロが多く並ぶ数字）の場合がありますが、売り上げ、仕入れ、経費支出などの取り引きでは、丸い数字の取り引きは比較的少ないと思われます。

　不正なデータを混入させる場合は、乱数などを利用した数値を作成するのではなく、安易に丸い数字を用いるケースがあります。また、改ざんしたデータであることが後日判別できるように丸い数字を用いる傾向にあるとも言われています。

　それでは、金額の末尾にゼロが6つ以上並んでいる仕訳を抽出してみましょう。

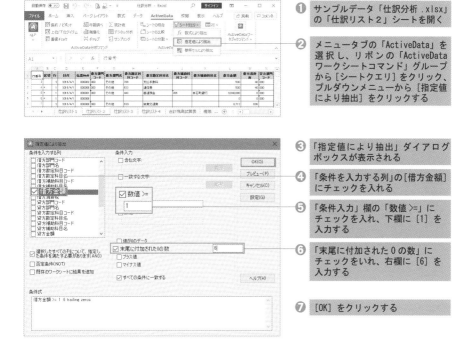

❶ サンプルデータ「仕訳分析.xlsx」の「仕訳リスト2」シートを開く

❷ メニュータブの「ActiveData」を選択し、リボンの「ActiveDataワークシートコマンド」グループから［シートクエリ］をクリック、プルダウンメニューから［指定値により抽出］をクリックする

❸ 「指定値により抽出」ダイアログボックスが表示される

❹ 「条件を入力する列」の［借方金額］にチェックを入れる

❺ 「条件入力」欄の「数値 >=」にチェックを入れ、下欄に［1］を入力する

❻ 「末尾に付加された0の数」にチェックをいれ、右欄に［6］を入力する

❼ ［OK］をクリックする

| ⑧ | 下6桁がゼロの仕訳が抽出された
シートが作成された |
| ⑨ | 「貸方金額」についても同様に抽
出する |

7. 自動仕訳の検証

　大企業を中心に販売管理システムなどの他の業務システムと財務会計システムを連携させている企業は多いです。売上計上などの仕訳は自動で生成されるため、転記ミスはなくなります。また、自動で生成された仕訳については、担当者レベルで修正できないようにロックがかけられていることも多いと思われますが、自動統制が不十分なケースなども存在します。

　自動生成された仕訳の検証は、自動仕訳されたデータを抽出して集計し、販売管理システムなどの集計データと突合する、自動仕訳の中に財務会計システム上で修正された仕訳がないか抽出するなどの方法が考えられます。

　仕訳データの中の伝票番号や仕訳作成者の項目には、販売管理システムが自動生成した仕訳を示す記号が含まれていることを前提として、自動仕訳の中で更新履歴があるものを抽出してみましょう。

| ❶ | サンプルデータ「仕訳分析.xlsx」
の「仕訳リスト4」シートを開く |
| ❷ | メニュータブの「ActiveData」を
選択し、リボンの「ActiveData
ワークシートコマンド」グループ
から［シートクエリ］をクリック、
プルダウンメニューから［指定値
により抽出］をクリックする |

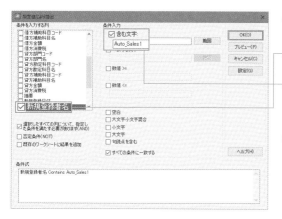

③ 「指定値により抽出」ダイアログ
ボックスが表示される

④ 「条件を入力する列」から［新規
登録者名］にチェックを入れる

⑤ 「条件入力」の［含む文字］にチェッ
クを入れ、販売管理システムから
自動で生成されていることを示す
［Auto_Sales1］と入力する

⑥ ［OK］をクリックする

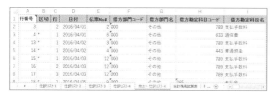

⑦ 「抽出>仕訳リスト４」シートが
作成された

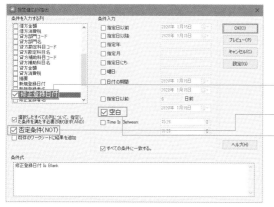

⑧ 「抽出>仕訳リスト４」シート上
で、再び「ActiveData ワークシー
トコマンド」グループから［シー
トクエリ］をクリック、プルダウ
ンメニューから［指定値により抽
出］をクリックする

⑨ 「条件を入力する列」から［修正
登録日付］をチェックする

⑩ ［否定条件］にチェックを入れる

⑪ 「条件入力」の［空白］にチェッ
クを入れる

 これは、修正登録日付が空白で
はない、つまり修正登録日付が
入力されているレコードを抽出
するための条件です。

⑫ ［OK］をクリックする

⑬ 「抽出>抽出>仕訳リスト４」シー
トが作成された

　　上記以外に以下のような仕訳テストが考えられます。これらの手続きも ActiveData を利用すれば、簡単に実施することが可能です。

・摘要欄の記載がない仕訳を抽出する。

・仕訳伝票番号が連続していないか検査をする。

・仕訳データに登場した科目の件数を集計し、異常に少ない（例えば、年 3 回以下）の科目を含む仕訳データを抽出する。

・期末残高のある科目のリストと仕訳データの科目を比較し、期中のみ利用 された科目を抽出し、その内容に異常がないか検討する。

・部門責任者または上級管理者などの役職者が入力した仕訳を抽出し、月次、 科目別、入力日時別などの分析を行い、異常に高額の取り引きや損益への 影響額の合計などに着目し、問題がないか検討する。

・修正仕訳を抽出し、異常に高額の取り引きや損益への影響額の合計などに 着目し、問題がないか検討する。

・預金口座の入金合計及び出金合計と、預金勘定の補助科目の借方合計及び 貸方合計を比較し、異常がないか検討する。

・諸口勘定を用いている場合、諸口勘定の相手勘定ごとの合計表を作成し、 異常な仕訳が生じていないか検討する。

・借方金額や貸方金額について、ベンフォード分析を実施する。

4-3　販売取引及び営業債権の分析

1.区分別売上推移分析

　部門別、製品ライン別などの詳細なレベルで売上データなどを分析することは、売上不正を検出するのに有効な手続きです。架空売り上げの粉飾のケースでは、部門別、製品ライン別などの分析を行うと次のような特徴を示す場合があります。

　①特定の部門や製品群の売り上げが前期と比べ大きく増加している。

　②期末月の売り上げが大きく増加している、または、期首月の売り上げが大きく減少している。

　もちろんこのような特徴があるからといって粉飾であるとは限りません。販売戦略の変化、営業努力、販売促進、新製品の投入、市場の変化、得意先の業績や販売提携などの結果を反映して、大きく変化している可能性もあります。そのため、ヒアリングや証憑突合などの追加的な手続きを実施して、不正取引かどうかを判断する必要があります。

　それでは、ActiveData を使用して、得意先別月次比較分析をしてみたいと思います。

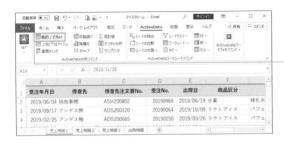

❶ サンプルデータ「アイスクリーム .xlsx」の「売上明細１」シートを開く

❷ メニュータブの「ActiveData」を選び、リボンの「ActiveData 分析コマンド」グループから［集約 / ピボット］を選択する

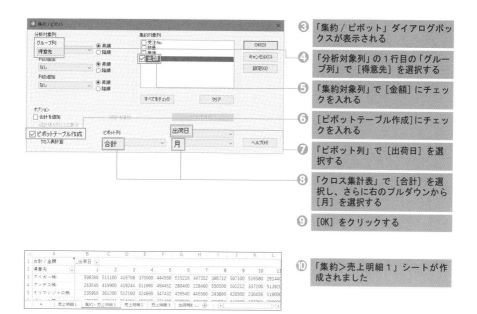

❸ 「集約／ピボット」ダイアログボックスが表示される

❹ 「分析対象列」の1行目の「グループ列」で［得意先］を選択する

❺ 「集約対象列」で［金額］にチェックを入れる

❻ ［ピボットテーブル作成］にチェックを入れる

❼ 「ピボット列」で［出荷日］を選択する

❽ 「クロス集計表」で［合計］を選択し、さらに右のプルダウンから［月］を選択する

❾ ［OK］をクリックする

❿ 「集約>売上明細1」シートが作成されました

　得意先別に月次推移の表が作成されました。さらにこれをグラフ化してみましょう。実際に分析する場合は得意先の数が非常に大きくなっていると思います。そのままではグラフ化しても見づらくなるだけですので、上位の得意先を10社単位で区分して、グラフ化します。

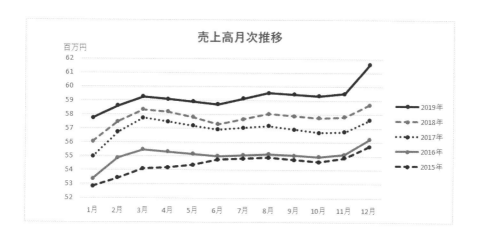

　また、得意先 1 社ごとに複数の会計期間の月次推移を 1 つのグラフに重ねて表示して、毎期の変化を比較する方法があります。得意先が安定していて、季節変動が大きいときには、この方法はとても効果的です。

2.出荷データと売上データの照合

　物品販売においては、売上計上するためには自社の倉庫から製商品の出荷が行われるか、または仕入先から得意先へ直送が行われます。出荷時点で売上計上する基準を採用している企業では、直送売上を除けば、倉庫からの出荷データと売上データは一致するはずです。なお、照合する前に売上データが対象期間の財務会計数値と一致していることを確かめておく必要があります。

　それでは、製品の出荷データと売上データを照合してみましょう。

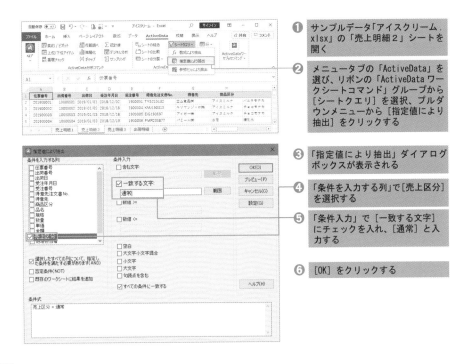

❶ サンプルデータ「アイスクリーム.xlsx」の「売上明細2」シートを開く

❷ メニュータブの「ActiveData」を選び、リボンの「ActiveData ワークシートコマンド」グループから[シートクエリ]を選択、プルダウンメニューから[指定値により抽出]をクリックする

❸ 「指定値により抽出」ダイアログボックスが表示される

❹ 「条件を入力する列」で[売上区分]を選択する

❺ 「条件入力」で[一致する文字]にチェックを入れ、[通常]と入力する

❻ [OK]をクリックする

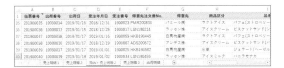

⑦ 通常売上のみで構成されるワークシートが作成された

⑧ <出荷データと照合する>
リボンの「ActiveData ワークシートコマンド」グループから［シートの比較］をクリックする

⑨ 「比較対象シートを選択する」ダイアログボックスが表示される

⑩ 「出荷明細」シートをハイライトさせて［選択］をクリックする

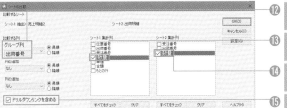

⑪ 「シートの比較」ダイアログボックスが表示される

⑫ 「比較する列」の「グループ列」で［出荷番号］を選択する

⑬ 「シート1集計列」で［数量］にチェックを入れる

⑭ 「シート2集計列」で［数量］にチェックを入れる

⑮ ［ドリルダウンリンクを含める］にチェックを入れる

⑯ ［OK］をクリックする

⑰ 2つのシートを比較した表が作成された

⑱ リボンの「ActiveData ワークシートコマンド」から [列] をクリックし、プルダウンメニューから [数式列を追加] をクリックする

⑲ 「数式列を追加」ダイアログボックスが表示される

⑳ 「新しい列の値」の [数式] を選択し、すぐ下の入力欄の右側のボタンをクリックする

㉑ 「式ビルダー」ダイアログボックスが表示される

㉒ 「列名」から [数量.合計.抽出売上明細2] をクリックする

㉓ パレットから [−] をクリックする

㉔ 「列名」から [数量.合計.出荷明細] をクリックする

㉕ [OK] をクリックする

㉖ 「数式列を追加」ダイアログボックスに戻るので、さらに [OK] をクリックする

㉗ 両シートの数量の差がシートに挿入された

POINT 差が生じているレコードのみ抽出する場合は「指定値により抽出」コマンドを利用します。

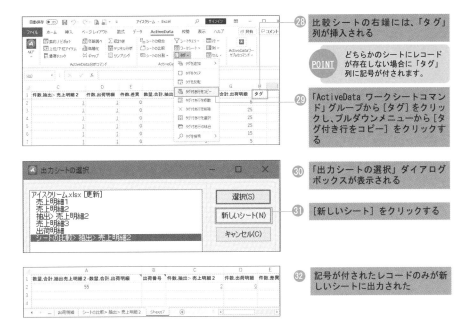

㉘ 比較シートの右端には、「タグ」列が挿入される

POINT どちらかのシートにレコードが存在しない場合に「タグ」列に記号が付されます。

㉙ 「ActiveData ワークシートコマンド」グループから [タグ] をクリックし、プルダウンメニューから [タグ付き行をコピー] をクリックする

㉚ 「出力シートの選択」ダイアログボックスが表示される

㉛ [新しいシート] をクリックする

㉜ 記号が付されたレコードのみが新しいシートに出力された

3.返品などの担当者別分析

　返品、売上取消、値引の処理においても不正は存在します。店舗販売などでは、架空の返品処理を行って返品代金を着服する不正や、実際は値引き販売していないにもかかわらず値引処理をして差額を着服するなどの不正が起こります。

　事例では、店舗販売における返品処理について担当者別の発生額を分析します。

❶ サンプルデータ「アロマショップ.xlsx」の「レジデータ」シートを開く

❷ メニュータブの「ActiveData」を選択し、「ActiveData ワークシートコマンド」グループから [シートクエリ] をクリック、表示されたプルダウンメニューより [指定値により抽出] をクリックする

❸ 「指定値により抽出」ダイアログ
ボックスが表示される

❹ 「条件を入力する列」の[取引区分]
にチェックを入れる

❺ 「条件入力」の「一致する文字」
にチェックを入れ、下の空欄に返
品を示す［3］を入力する

❻ ［OK］をクリックする

❼ 返品のみで構成されるワークシー
トが作成された

❽ ＜担当者別に集計する＞
リボンの「ActiveData 分析コマ
ンド」グループから[集約 / ピボッ
ト]をクリックする

❾ 「集約 / ピボット」ダイアログボッ
クスが開く

❿ 「分析対象列」「グループ列」から
[レジ担当者]を選択する

⓫ 「集約対象列」から[金額]にチェッ
クを入れる

⓬ ［OK］をクリックする

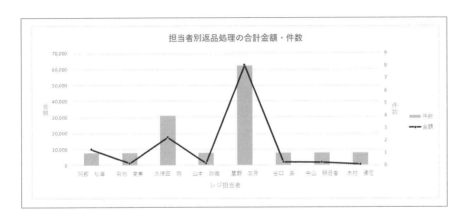

⑬ 担当者別の返品額が集計された
シートが作成される

　架空の返品を装って、返金額を着服する不正の事例も存在します。担当者別に集計した時に突出して多額に返品が生じている場合は、返品取引の発生頻度、金額を分析し、必要に応じて返品時の記録などを吟味して、異常な返品処理かどうかを検討する必要があります。

4. プロジェクト利益率の散布図による分析

　財務数値の中には、売上高と関連する費用勘定、あるいは店舗別売上高と店舗の人員数や面積など、2 つの数値の間に相関関係があるものがあります。その場合、一方を Y 軸に取り、もう一方を X 軸に取ると相関関係が視覚化できます。このグラフを散布図と言います。散布図を用いると、2 つの数値の間の関係性が把握できるだけでなく、その関係性から大きく外れた値を検出することもできます。

　ソフトウェア開発を行っている企業を想定して、プロジェクトごとの売上高と利益率の関係を把握し、外れ値の有無を確認してみます。

❶ サンプルデータ「ソフトウェア開発 .xlsx」の「売上明細」シートを開く

❷ 散布図にプロットする値として、「列番号C」をクリックして「売上高」の列を選択し、[Ctrl] キーを押しながら「列番号H」をクリックして「利益率」の列を選択範囲に追加する

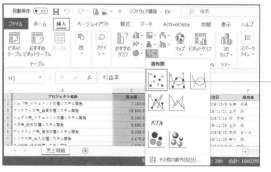

❸ メニュータブの「挿入」を選び、リボンの「グラフ」グループから[散布図]をクリック、散布図とバブルチャートのアイコンが一覧的に表示されるので、ここでは左上のアイコンをクリックする

❹ 散布図が表示される

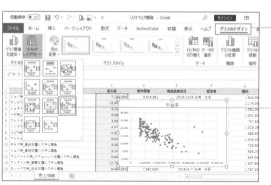

❺ ＜散布図に近似曲線と線形関数を追加する＞
グラフがアクティブになっている状態であれば、メニュータブに「グラフのデザイン」が表示されているので、選択する

❻ リボンの左端の「グラフのレイアウト」グループから[クイックレイアウト]をクリックし、一覧から[レイアウト9]を選択する

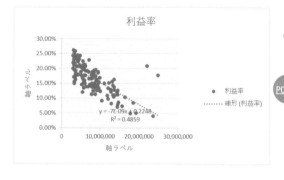

❼ グラフに近似曲線と線形関数が追加された

POINT グラフ上のドットにカーソルを重ねると、その要素の内容である売上高と利益率が表示されます

この散布図から、全体的に見てソフトウェアの規模が大きくなると、利益率も低下していく傾向があることがわかります。よく見ると、右上に2つだけ相関関係から外れた値があります。この2つは利益率のみに着目して一定の値を超えるものを抽出しても検出されませんが、プロジェクトの規模が大きいものは利益率が低いという傾向からは外れていることがこの散布図を用いるとわかります。

巨大なプロジェクトでも、適正に高い利益率で受注され、かつ適切に原価の集計が行われているかもしれませんが、監査人としては職業的懐疑心を発揮して、その理由をヒアリングし、関連資料を検証した方が良いでしょう。

5.年齢調べ表の再作成

年齢調べ表は、滞留債権の調査の基礎資料となります。長期滞留債権については、その内容を詳細に吟味していく必要があります。

また、外部監査人にとっては、監査リスクが高い場合は、必要に応じて対象会社から入手した基礎資料の正確性や網羅性の検証を行わなければならないことになっています。年齢調べ表についても、網羅性や正確性が疑われる場合は、監査人独自に作成し、会社が作成したものと突き合わせて検証する必要があります。そのため、年齢調べ表を独自に効率的に作成することは、必要なスキルであると言えるでしょう。

それでは、年齢調べ表をActiveDataで作成してみましょう。

❶ サンプルデータ「請求.xlsx」の「請求」シートを開く

❷ メニュータブの「ActiveData」を選び、リボンの「ActiveData 分析コマンド」グループから［年齢調べ］を選択する

2

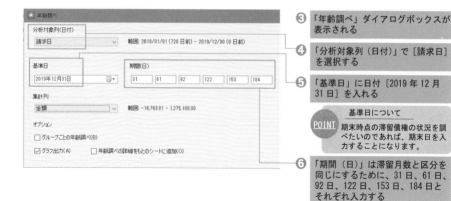

③ 「年齢調べ」ダイアログボックスが表示される

④ 「分析対象列（日付）」で［請求日］を選択する

⑤ 「基準日」に日付［2019 年 12 月 31 日］を入れる

基準日について
POINT 期末時点の滞留債権の状況を調べたいのであれば、期末日を入力することになります。

⑥ 「期間（日）」は滞留月数と区分を同じにするために、31 日、61 日、92 日、122 日、153 日、184 日とそれぞれ入力する

⑦ 「集計列」で［金額］を選択する

⑧ 左下［グラフ出力（A）］にチェックを入れる

⑨ ［OK］をクリックする

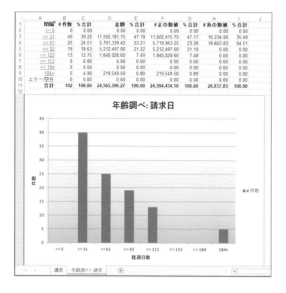

⑩ 年齢調べ表とグラフが新しいシートに作成された

6.得意先マスタとの異常

　架空の取り引きを販売管理システムに入力する場合、実在しない得意先を
マスタに登録して取り引きを記録する場合があります。実在する得意先名で
あっても、本来使用すべき得意先コードとは別の新しいコードを登録して、
架空取引を記録する場合もあります。これらの得意先マスタには、次のよう
な異常が見つかる可能性があります。

・マスタの登録者が本来の登録者と異なる

・得意先マスタのデータに欠落がある（担当者、連絡先、住所など）

・与信限度額が異常に大きいまたは設定されていない

・同一または類似の得意先名が登録されている

・複数の得意先の住所が一致または類似する

・得意先の住所と私書箱などの住所が一致する

・更新されていないはずの得意先マスタが更新された記録がある

　ここでは、住所が一致または類似している得意先がないか検証しましょう。

❶　サンプルデータ「得意先マスタ.
　　xlsx」の「得意先マスタ」シート
　　を開く

❷　メニュータブの「ActiveData」を
　　選び、リボンの「ActiveData分
　　析コマンド」グループから［重複
　　チェック］を選択する

❸　「重複チェック」ダイアログボック
　　スが表示される

❹　「分析対象列」の１行目に［住所］
　　を選択、右のプルダウンから［あ
　　いまい］を選択する

❺　「オプション」の「あいまい検索」
　　の「最小距離」を［0］に、「最大
　　距離」を［3］、「一致対象表示数」
　　を［9］と入力する

❻　［OK］をクリックする

【あいまい検索】では、相違する文字の数を距離として設定します。したがって、「0」は完全一致、「3」は 3 文字だけ相違することを意味します。上記の設定では【最大距離】を「3」にしましたが、検出結果を見ながら、調整してみてください。完全に一致した住所の場合は露見しやすいと考え、郵便物が届く範囲で記載を変更して登録したとしても、【あいまい検索】によって検出することができます。

　不正の手口として、商品マスタやユーザーリストなど、各種のマスタを改ざんすることが考えられます。マスタの異常に着目して分析することは不正検出の有効手段の一つです。

7.不完全な売上データ

　架空取引を計上しようとすると、その取り引きに関する詳細な情報を完全に入力するにはとても労力がかかります。売上データについて見れば、一般的には、得意先コード、受注日、受注番号、商品名、数量、単価、金額、担当者名など多くの項目があります。架空取引を入力したレコードでは、これらの項目の一部が欠落したり、十分な入力がなされていなかったり、通常と異なるコードや数値が入力されていたりするかもしれません。

　サンプルデータを使って、こうしたデータの有無を確かめる技法を見ていきます。まずは、空白が含まれているレコードを抽出します。

　次に、摘要欄が5文字以下のレコードを抽出します。

❶ サンプルデータ「アイスクリーム．xlsx」の「売上明細1」シートを開く

❷ メニュータブの「ActiveData」を選び、リボンの「ActiveData ワークシートコマンド」グループから[タグ]を選択、プルダウンメニューから[タグを追加][空白セルにタグを追加]を順にクリックする

❸ 「タグの種類」を選択して[OK]をクリックする

❹ 空白セルが含まれる行にタグが追加された

❺ 再び「ActiveData ワークシートコマンド」グループから[タグ]を選択し、プルダウンメニューから[タグ付き行をコピー]をクリックする

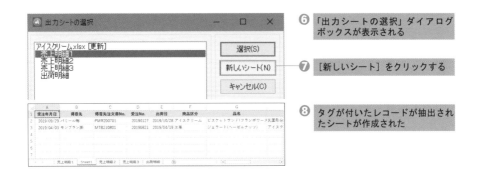

⑥ 「出力シートの選択」ダイアログ
ボックスが表示される

⑦ ［新しいシート］をクリックする

⑧ タグが付いたレコードが抽出され
たシートが作成された

次に、摘要欄が 5 文字以下のレコードを抽出します。

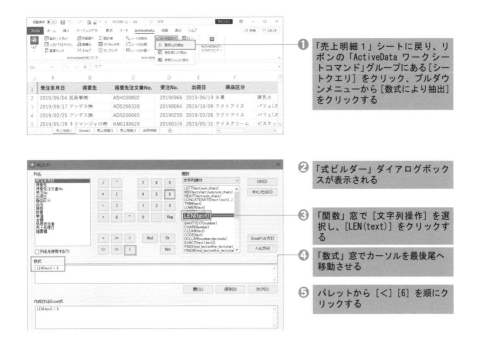

❶ 「売上明細 1」シートに戻り、リ
ボンの「ActiveData ワークシー
トコマンド」グループにある［シー
トクエリ］をクリック、プルダウ
ンメニューから［数式により抽出］
をクリックする

❷ 「式ビルダー」ダイアログボック
スが表示される

❸ 「関数」窓で［文字列操作］を選
択し、［LEN(text)］をクリックす
る

❹ 「数式」窓でカーソルを最後尾へ
移動させる

❺ パレットから［<］[6] を順にク
リックする

⑥ 「数式」欄に表示されている数式の中の [text] をクリックしてハイライトさせてから、「列名」から [摘要欄] をクリックする

⑦ [OK] をクリックする

⑧ 摘要欄のテキストが5文字以下のレコードが抽出された

　最後に、「単価」に「数量」を乗じたものが「金額」と一致しないレコードを抽出します。

❶ 「売上明細1」シートに戻り、リボンの「ActiveData ワークシートコマンド」グループから [シートクエリ] をクリック、プルダウンメニューから [数式により抽出] をクリックする

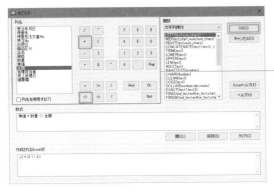

② 「式ビルダー」ダイアログボックスが表示される

③ 「列名」とパレットから、下記を順にクリックする
[単価] [＊] [数量] [＜＞] [金額]

④ [OK] をクリックする

⑤ 単価に数量を乗じたものが金額と一致しないレコードが新しいシートに出力された

8. ギャップ分析

　仕訳伝票番号、受注番号、出荷番号などについて、企業が連番管理しているケースがあります。連番管理を行っている場合は、修正や取消の必要が生じても、一旦採番された番号は削除されず、赤伝（訂正伝票）処理を行い、修正や取消の履歴が全て残るように管理されます。しかし、架空または水増ししたデータを入力した後にその痕跡を削除した場合や、粉飾データを隠蔽するために改ざん処理をすると、番号に連続性がなくなってしまうことがあります。

　連番管理された番号の欠落を調べる方法は次の通りです。

① サンプルデータ「アイスクリーム．xlsx」の「売上明細３」シートを開く

② メニュータブの「ActiveData」を選び、リボンの「ActiveData分析コマンド」グループから[ギャップ]をクリックする

③ 「ギャップ検出」ダイアログボックスが表示される

④ 「分析対象列」で[受注No.]を選択すると、その下の「開始値」「終了値」「増分」が自動で入力される

⑤ 「オプション」で[欠番のみ表示]にチェックを入れる

⑥ [プレビュー]をクリックする

⑦ 結果が「プレビュー」画面に表示された

⑧ [OK]をクリックする

⑨ 結果が新しいシートに作成された

9. ベンフォード分析を実施する

　人為的に作成されていない非常に多くの数値データを集めた場合、その
データ上の特定の数字の出現率には、一定の傾向があります。それをベンフ
ォードの法則と言います。人為的に作成されたデータが多数混入されている
場合は、数字の出現率はベンフォードの法則と乖離します。ベンフォード分
析を実施することにより、大量のデータの混入による不正が検出できるとさ
れています。

　売上データに対してベンフォード分析を行ってみましょう。

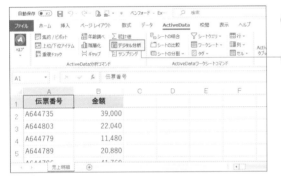

❶ サンプルデータ「ベンフォード.
xlsx」の「売上明細」シートを開く

❷ メニュータブの「ActiveData」を
選び、リボンの「ActiveData 分
析コマンド」グループから［デジ
タル分析］をクリックする

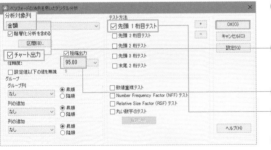

❸ 「ベンフォードの法則を用いたデジ
タル分析」ダイアログボックスが
表示される

❹ 「分析対象列」で［金額］を選択し、
［チャート出力］にチェックを入
れる

❺ 「信頼度」は［95.00］にしておく

❻ 「テスト方法」で［先頭1桁目テ
スト］にチェックを入れる

❼ ［OK］をクリックする

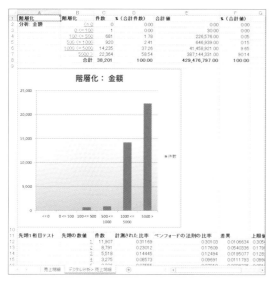

❽ ベンフォード分析の結果シートが作成された

POINT その他のテスト方法も順次試してみてください。

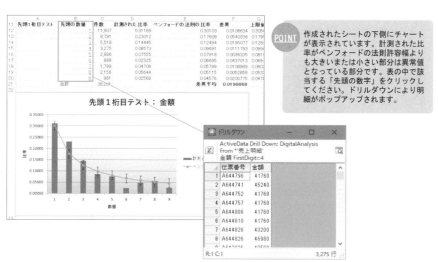

POINT 作成されたシートの下側にチャートが表示されています。計測された比率がベンフォードの法則許容幅よりも大きいまたは小さい部分は異常値となっている部分です。表の中で該当する「先頭の数字」をクリックしてください。ドリルダウンにより明細がポップアップされます。

異常値が出た場合には、【ベンフォードの法則を用いたデジタル分析】ダイアログボックスの左下の【グループ】の【グループ列】で区分を指定すると、異常値がどの区分で発生しているか絞り込んで分析することができます。なお、区分別のベンフォード分析はできません。

4-4 在庫分析

1.滞留在庫の抽出

　在庫には様々なものがあります。食品などには消費期限があります。流行のある衣料品などはワンシーズンを超えるとほとんど価値がなくなります。パソコンなどの精密機器は技術革新により短期間で陳腐化します。原材料や買い入れ部品などは製品の更新により将来の消費見込みがなくなるものもあります。このように、在庫の中には一定期間を超えて滞留すると会計上評価減をしなければならないものがあります。そのため、企業では一定の基準を設けて、滞留在庫の評価を行っています。こうした評価を正しく行わないことも不正な会計処理となります。

　ここでは、食品メーカーの在庫について、企業が評価減の適正性を確かめる目的で、製造してからの経過日数が消費期限の半分を超えている在庫を抽出してみます。

❶ サンプルデータ「在庫明細.xlsx」の「在庫明細」シートを開く

❷ メニュータブの「ActiveData」を選び、リボンの「ActiveData ワークシートコマンド」グループから[シートクエリ]をクリック、プルダウンメニューから[数式により抽出]をクリックする

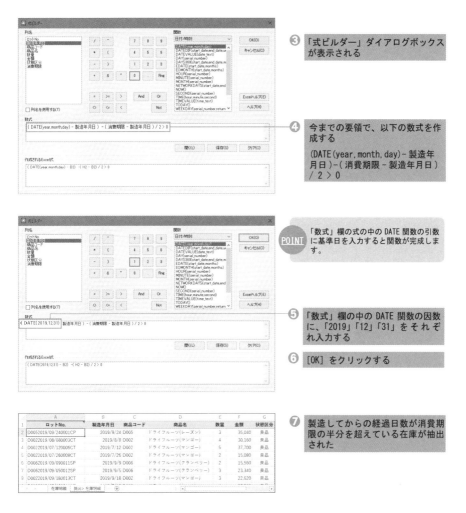

❸ 「式ビルダー」ダイアログボックスが表示される

❹ 今までの要領で、以下の数式を作成する

（DATE（year, month, day）－製造年月日）－（消費期限－製造年月日）／2＞0

POINT 「数式」欄の式の中の DATE 関数の引数に基準日を入力すると関数が完成します。

❺ 「数式」欄の中の DATE 関数の因数に、「2019」「12」「31」をそれぞれ入力する

❻ ［OK］をクリックする

❼ 製造してからの経過日数が消費期限の半分を超えている在庫が抽出された

　上記では、製造年月日と消費期限をもとに滞留在庫を抽出しましたが、入庫年月日を基準に抽出することや、製造番号などから推定する方法などもあります。その他には、将来の使用または出荷見込み数量を基準に一定の量を超える在庫を抽出する方法もあります。

4-5　購買取引、経費取引の分析

1.購買取引及び経費取引の重複チェック

　原材料や商品などの仕入取引、外注取引や経費取引については、二重計上や二重支払のミスが生じることがあります。また、立替経費の二重請求であれば従業員が直接着服することになりますが、その他にも意図的に二重計上、二重支払をして、支払代金の一部を還流させる不正事例もあります。こうした不正または誤謬が生じていないかを確かめる手続きが重複チェックです。

　従業員の経費精算を例に、重複チェックを実施してみましょう。

❶ サンプルデータ「経費精算明細.xlsx」を開く

❷ メニュータブの「ActiveData」を選び、リボンの「ActiveData分析コマンド」グループから [重複チェック] を選択する

❸ 「重複チェック」ダイアログボックスが表示される

❹ 「分析対象列」の枠内で 1 行目から順に [社員 ID] [経費発生日] [区分名] [支払先] [金額] [経費申請日] を選択し、6 行目の [経費申請日] のみ [異なる] に変更する

❺ 「オプション」から [重複抽出] を選択する

❻ [OK] をクリックする

	A	B	C	D	E	F	G
1	精算書番号	社員ID	申請者氏名	部署名		経費申請日	経費発生日	区分
2	190069	00135	佐々木　清	営業本部　第一営業部	2019/06/01	2019/05/15	図書費
3	190112	00135	佐々木　清	営業本部　第一営業部	2019/06/16	2019/05/15	図書費
4	190163	00135	佐々木　清	営業本部　第一営業部	2019/09/01	2019/08/05	図書費
5	190201	00135	佐々木　清	営業本部　第一営業部	2019/09/18	2019/08/05	図書費
6	190212	00680	大石　悠真	マーケティング部	2019/11/01	2019/10/03	交通費
7	190212	00680	大石　悠真	マーケティング部	2019/11/16	2019/10/03	交通費
8	190252	00680	大石　悠真	マーケティング部	2019/12/03	2019/11/08	交通費
9	190252	00680	大石　悠真	マーケティング部	2019/12/21	2019/11/08	交通費

経費精算明細　　重複チェック> 経費精算明細

❼ 重複したレコードが全て抽出された新しいシートが作成された

　上記の分析では、全く同じ経費を当初の申請以外に、翌月以降に重複して申請するケースを想定して設定しました。同じ月に2回申請するケースや、金額を分割または集計して申請額が異なるようにするケース、他の従業員と結託して2人で重複して請求するケースなど、様々なケースが考えられますので、想定に応じて設定を様々に変更して試してみてください。

　仕入取引などの継続的取引では、業者ごと、月1回締め日ごとに請求がされて費用計上されることが多いと思います。同じ業者に対して同じ月に2度以上の計上や支払いがないかチェックすることも有効でしょう。

2.支払口座分析

　支払い時に担当者が管理する口座に振り込みを行う不正の手口があります。この場合は、振込データを分析することが、不正の検出に有効な手段となります。取引先マスタに登録されている口座と実際の振込口座が異なれば、その合理性を検証する必要があると思われます。また、同じ取引先に対して、異なる振込口座が利用されていれば、片方の口座は従業員が管理する不正な口座の可能性があります。

　後者については、前項の重複チェックを用いることで検出することができますので、ここでは、取引先マスタと振込データの照合を行ってみたいと思います。

❶ サンプルデータ「振込.xlsx」の「振込明細」シートを開く

❷ メニュータブの「ActiveData」を選び、リボンの「ActiveData ワークシートコマンド」グループから[シートの結合]を選択する

❸ 「結合先シートの選択」ダイアログボックスが表示される

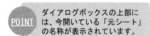
POINT ダイアログボックスの上部には、今開いている「元シート」の名称が表示されています。

❹ 「取引先マスタ」をハイライトさせて[選択]をクリックする

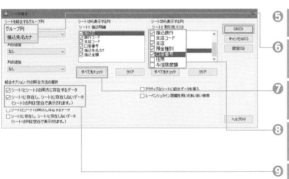

❺ 「シートの結合」ダイアログボックスが表示される

❻ 「シートを結合するグループ列」の「グループ列」で[振込先名カナ]を選択する

❼ 「シート1から表示する列」は[すべてをチェック]をクリックし、チェックをすべてに入れる

❽ 「シート2から表示する列」は[振込銀行][支店][預金種別][口座番号]にチェックを入れる

❾ シート2がマスタ側なので、「結合オプション」では1行目の[シート1とシート2の両方に存在するデータ]と、2行目の[シート1に存在し、シート2に存在しないデータ]にチェックを入れる

❿ [OK]をクリックする

⓫ 取引先マスタの銀行情報が追加された「結合>振込明細」シートが作成された

⑫ 作成したシートで、リボンの「ActiveData ワークシートコマンド」グループから［列］をクリックし、プルダウンメニューから［数式列を追加］をクリックする

⑬ 「数式列を追加」ダイアログボックスが表示される

⑭ 「新しい列の値」で1行目の［数式］を選択し、下欄の右にあるボタンをクリックする

⑮ 「式ビルダー」ダイアログボックスが表示される

⑯ 「列名」とパレットから、順番に［口座番号］［=］［取引先マスタ.口座番号］を入力する

⑰ ［OK］をクリックする

⑱ 「数式列を追加」ダイアログボックスに戻る

⑲ 「新しい列のプロパティ」の「列の名前」は［口座番号の一致］とする

⑳ ［OK］をクリックする

㉑ 「結合＞振込明細」シートに「口座番号の一致」列が挿入された

POINT 一致していれば「TRUE」、不一致であれば「FALSE」と表示されます。不一致の場合は、その理由を追及することになります。

4-6　サンプリング

1. ランダムサンプリング

　CAATツールには基本的なサンプリング機能が装備されています。まずは、ランダムサンプリングのやり方を見ていきましょう。

❶ サンプルデータ「売上明細 .xlsx」の「化粧品」シートを開く

❷ メニュータブの「ActiveData」を選び、リボンの「ActiveData分析コマンド」グループから [サンプリング] を選択する

❸ 「サンプリング」ダイアログボックスが表示される

❹ メニュータブの左端の「ランダムサンプリング」を開く

❺ [計算] をクリックする

POINT サンプル件数をあらかじめ決めている場合は、その数値を該当欄の右に入力します。サンプル件数を計算したい場合は [計算] をクリックしましょう。

POINT 「サンプリング開始行」「終了行」「ランダムシード」は自動的に入力されていますので、通常は変更不要です。ランダムシードは「サンプリング」ダイアログボックスを開くたびに別な数値が生成されます。ランダムシードに基づいてランダムにサンプリングされるため、同じ対象データに同じ条件で同じランダムシードを用いると、同じレコードがサンプリングされる仕組みになっています。ランダムシードを含むログは A1 セルに格納されています。

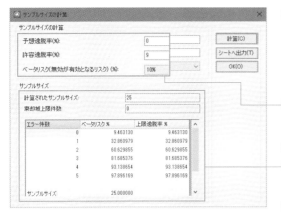

⑥ 「サンプルサイズの計算」ダイアログボックスが表示される

POINT サンプルサイズの計算を行うには、本来は統計に関する知識が必要ですが、ここでは内部統制監査に一般的に用いられている値を入力してみましょう。

⑦ 「予想逸脱率」を［0］、「許容逸脱率」を［9］、「ベータリスク」を［10%］と入力する

⑧ ［計算］をクリックする

⑨ 「計算されたサンプルサイズ」が25件に決定され、その他の計算結果も下部に表示される

⑩ ［シートへ出力］をクリックし計算過程と計算結果を保存する

⑪ ［OK］をクリックし、前の画面へ戻る

⑫ サンプリングされたレコードが新しいシートに作成された

2.金額単位サンプリング

次に金額単位サンプリングの方法を見ていきます。

① サンプルデータ「売上明細.xlsx」の「化粧品」シートを開く

② メニュータブの「ActiveData」を選び、リボンの「ActiveData 分析コマンド」グループから［サンプリング］を選択する

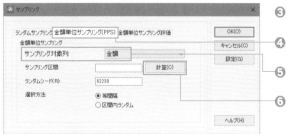

③ 「サンプリング」ダイアログボックスが表示される

④ メニュータブの中央の「金額単位サンプリング」を開く

⑤ 「サンプリング対象列」で［金額］を選ぶ

⑥ 「サンプリング区間」は計算によって求めたいので［計算］をクリックする

⑦ 「標本区間」ダイアログボックスが表示される

⑧ 「簿価の合計金額」は自動で計算されて入力されている

⑨ 「許容誤謬金額（重要性の基準値）」は、監査計画などで決めた金額を入力する

POINT　財務諸表監査では、税引前当期純利益の5%を用いるケースが多いと思われます。

⑩ 「予想誤謬金額」は［0］とする

⑪ 「ベータリスク」は［5%］とする

POINT　「拡張係数」と「信頼係数」はベータリスクを変更すると自動的に適切な数値が入りますので気にしないでください。

⑫ ［計算］をクリックする

⑬ 計算された標本区間とサンプル数が表示される

⑭ ［シートへ出力］をクリックして、計算過程と結果を保存する

⑮ ［OK］をクリックする

⑯ 「選択方法」で［区間内ランダム］を選択する

⑰ ［OK］をクリックする

⑱ サンプリングされたレコードが新しいシートに出力された

MEMO

データ全体の値の合計と比較して、かなり大きな値を持つレコードがある場合で、サンプル数が多い場合には、同じレコードが何度もサンプリングされる場合があります。これは、金額を基礎にサンプリングすることから必然的に生じることであり、バグではありません。

　第3章でも解説しましたが、金額単位サンプリングされたデータの検証結果から、母集団に含まれる誤謬額が推定できます。その方法を解説します。

POINT　サンプリングされたレコードが出力されたシートの2列目には、「監査結果」の列があります。サンプリングされたレコードについて、突合や確認などの手続きを実施し、その結果エラーが検出された場合には、正しい金額を「監査結果」の列に上書きしていきます。

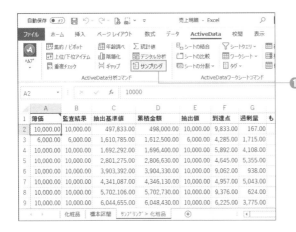

❶ サンプリングされたシートを開いた状態で、再び「ActiveData 分析コマンド」の［サンプリング］を選択する

❷ メニュータブ右端の「金額単位サンプリング評価」を開く

❸ 「簿価」の右のプルダウンから［簿価］を、「監査結果」の右のプルダウンから［監査結果］を選ぶ

POINT 「標本区間」と「ベータリスク」は先ほどの数値が入力されていればそのままで良いです。もし入力されていなければ、サンプリング時に設定した値を入力してください。

❹ ［OK］をクリックする

❺ 評価結果のシートが作成されます

POINT 上部にはエラーとなったレコードが転記されています。
下部には推定上限誤謬金額の計算過程が記載され、統計的分析結果が記載されています。

3. 階層化サンプリング

　サンプリングの最後として階層化サンプリングを見ていきたいと思います。

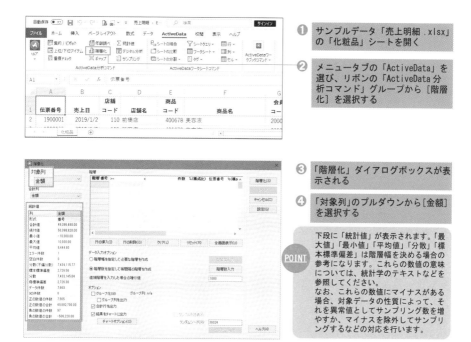

❶ サンプルデータ「売上明細.xlsx」の「化粧品」シートを開く

❷ メニュータブの「ActiveData」を選び、リボンの「ActiveData分析コマンド」グループから［階層化］を選択する

❸ 「階層化」ダイアログボックスが表示される

❹ 「対象列」のプルダウンから［金額］を選択する

POINT
下段に「統計値」が表示されます。「最大値」「最小値」「平均値」「分散」「標本標準偏差」は階層幅を決める場合の参考になります。これらの数値の意味については、統計学のテキストなどを参照してください。
なお、これらの数値にマイナスがある場合、対象データの性質によって、それを異常値としてサンプリング数を増やすか、マイナスを除外してサンプリングするなどの対応を行います。

　次に、右の中央の【データ入力オプション】を用いて階層を設定します。階層の設定方法は、階層幅を指定する方法、階層数を指定する方法、直接階層を入力する方法の3つがあります。階層化を繰り返し同じ条件で行う場合を除けば、最初から直接階層を入力することはないでしょう。階層幅を指定する場合は、最大値と最小値を見て、どの程度の金額にすべきかを検討して入力します。ここでは、最も簡単な階層数を指定する方法で行います。

⑤ 「データ入力オプション」で［階層数を指定して等間隔の階層を作成］にチェックを入れる

⑥ ［階層数入力］をクリックする

⑦ 「階層数の自動作成」ポップアップ画面で［15］と入力

⑧ ［OK］をクリックする

⑨ 上部の「階層」欄に階層が表示された

⑩ ［階層化］をクリックする

⑪ データを階層化した度数分布表と、階層ごとの統計値が「階層」欄に表示された

POINT

階層ごとの件数などを確認し、階層化が意図したものではないと思われるときは、データ入力オプションで再設定した後に［階層化］をクリックするだけで階層化を何度もやり直すことが可能です。また、階層幅は直接変更可能ですので、マイナスを1階層にする、一定金額以上は1階層にまとめるなどの調整も可能です。

⑫ 階層化サンプリングを行うには、［サンプル列を表示］にチェックを入れる

⑬ 「階層」欄に「サンプルサイズ」列が挿入された

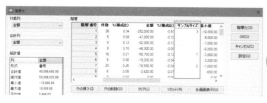

⑭ 「サンプルサイズ」列に必要なサンプル数を入力する

POINT 「サンプルサイズ」列の各階層に必要なサンプル数を入力します。一般的には、金額的に需要な階層のサンプル比率を高めるように数字を入力します。
なお、今回は下記のように入力します。

・階層1 … 3	・階層12 … 12
・階層5 … 1	・階層13 … 14
・階層7 … 2	・階層14 … 6
・階層10 … 3	・階層15 … 20
・階層11 … 18	

POINT 「ランダムシード」は自動で入力されていますので、過去のサンプリングの復元を行う場合を除き、そのままにしてください。

⑮ [サンプリング] をクリックし、サンプリング結果を新しいシートに作成する

⑯ 右上の [OK] をクリックする

⑰ 階層化の結果として、統計値を含んだ度数分布表とヒストグラムが新しいシートに作成された

INDEX

【著者紹介】

武田 剛（たけだ・つよし）

公認会計士・税理士
HLB Meisei 有限責任監査法人　統括代表社員
1965 年生まれ。法政大学卒業。
青山監査法人（PriceWaterhouse）を経て、2005 年 5 月に明誠監査法人（現・
HLB Meisei 有限責任監査法人）を設立。その後現在に至るまで、金融商
品取引法及び会社法に基づく法定監査、米国基準や国際財務報告基準に基
づく監査、その他の保証業務やコンサルティング業務などに幅広く従事。
訳書に『ActiveData For Excel を用いたデータ監査入門』（ミッシェル・
シェイン、リチャード B. ランツァ著、明誠リサーチ）

HLB Meisei 有限責任監査法人

アドバイザリーと会計分野の事務所の国際的ネットワークである HLB
International（HLBI）のメンバーファーム。HLBI は 1969 年に設立され、
150 を超える国々に 700 以上の事務所を有し、3 万人の専門スタッフを有
する会計分野における世界で 12 番目のネットワーク。国際会計士連盟の
Forum of Firms のメンバー。

HP：http://hlbmeisei.jp/

視覚障害その他の理由で活字のままでこの本を利用出来ない人の
ために、営利を目的とする場合を除き「録音図書」「点字図書」「拡
大図書」等の製作をすることを認めます。その際は著作権者、ま
たは、出版社までご連絡ください。

Excel と ActiveData で簡単にできる！
監査のためのデータ分析

2020 年 3 月 22 日　　初版発行

著　者　武田剛・HLB MEISEI 有限責任監査法人
発行者　野村直克
発行所　総合法令出版株式会社
　　　　〒 103-0001　東京都中央区日本橋小伝馬町 15-18
　　　　　　　　ユニゾ小伝馬町ビル 9 階
　　　　　　　　電話 03-5623-5121 （代）

印刷・製本　中央精版印刷株式会社